AMÉLIORATION

DE LA

NAVIGATION INTÉRIEURE

&

SES RÉSULTATS

SUR

L'ACCROISSEMENT DE LA PRODUCTION.

BEAUVAIS
1865.

V

d'Ordre.	des Assujettis.	Poids et Mesures.	Instrument de Pesage.	Total.	Observations.

AMÉLIORATION

DE LA

NAVIGATION INTÉRIEURE

&

SES RÉSULTATS

SUR

L'ACCROISSEMENT DE LA PRODUCTION

BEAUVAIS.
1865.

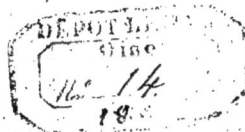

C.

Autographie de Bove, à Beauvais

Avant-Propos.

Objet de cet Opuscule.

Le titre complexe de cet Opuscule indique que l'amélioration de la navigation intérieure n'est pas la seule question qui y soit traitée : en effet, les mêmes travaux que nous signalons comme devant amener cette amélioration, auront en même temps pour résultats d'augmenter la production agricole, et de diminuer les frais de la production industrielle.

Cet opuscule a donc un triple objet ; celui d'indiquer les moyens d'accroître les trois sources principales qui peuvent le plus efficacement contribuer à la prospérité générale, & à la diffusion du bien-être.

Division.

Cet Opuscule est divisé en quatre Chapitres :

Le premier parle des avantages économiques de la navigation intérieure, relativement au transport de certains produits ; des inconvénients qui en restreignent l'emploi, & de la possibilité d'y remédier.

Il contient aussi quelques notions préliminaires sur la navigation intérieure, & sur les dispositions actuellement employées.

Le Chapitre 2. a pour objet de décrire les travaux propres à diminuer les chômages de la navigation, en régularisant le débit des rivières au moyen de quelques ouvrages peu coûteux, qui auraient en même temps pour résultats d'éviter les inondations.

4.

Le Chapitre 3.ème donne la description d'une disposition
d'écluse susceptible de s'appliquer dans les trois circonstances que peut présenter le volume d'eau qui alimente un
canal ou que débite une rivière canalisée.

1.° En cas de suffisance du volume d'eau, pour les
besoins de la navigation, cette disposition d'écluse accélère
la navigation en diminuant le temps actuellement employé
pour franchir une écluse.

2.° En cas de superflu, elle offre le même avantage
que ci-dessus; de plus, elle permet d'employer le volume
d'eau inutile à la navigation, comme force motrice
constante, revenant à un prix bien inférieur à celle
fournie par la vapeur.

3.° Enfin en cas d'insuffisance, elle peut, au moyen de
réservoirs latéraux économisant, à chaque éclusée, une quantité
d'eau proportionnelle au nombre de réservoirs établis, éviter
les chômages provenant de cette insuffisance d'eau.

Le Chapitre 4.ème a pour objet de faire entrevoir les
avantages économiques qui résulteraient pour la France,
de la communication, dans de vastes proportions, de la
navigation intérieure avec la navigation extérieure.

De nombreux plans intercalés dans le texte, donnent
la vue des améliorations indiquées, afin d'en mieux
faire comprendre les détails.

Chapitre 1.er

Avantages économiques de la navigation intérieure relativement au transport de certains produits.

L'infériorité des frais que nécessite la navigation, comparés à ceux des chemins de fer, permet d'établir les prix des transports par eau, au-dessous de ceux demandés par la voie ferrée. Néanmoins il ne faut pas conclure de là que le premier mode de transport soit toujours et pour tous les produits, plus économique que le second.

Cette économie apparente des transports par eau, en raison de la différence de temps employé en plus par la navigation, ne se trouve réelle que pour l'expédition des matières de peu de valeur, car les produits restant improductifs pendant l'intervalle de temps écoulé entre l'expédition et la réception, il convient d'ajouter au prix du transport, l'intérêt de la valeur de ces produits, pendant la différence de temps employé par le plus lent des deux modes de transport.

En effet, supposons une expédition à 500 kilomètres de 40,000 kilogrammes, ou 40 tonnes de marchandises de la 5.ème classe, dont la valeur à 1 fr. le kilogr. s'élève à .. 40,000 fr.

Pour cette classe, & pour cette distance, le tarif des chemins de fer, est d'environ 0 fr. 04 centimes par tonne et par kilomètre.

Le transport des 40 tonnes, qui pourrait être effectué dans un délai de dix jours, et même moins, coûterait 40 multipliés par 0 fr. 04 et le produit encore, multiplié par 500, ce qui ferait 800 fr. ci .... 800 f

Par la navigation, le prix varierait entre
0 fr. 01 c. & 0 fr. 02 c. par tonne et par kilomètre;
mais admettons 0 fr. 02 c. le transport des 40
tonnes coûterait $40 \times 0,02 \times 500 = 400$ f. ci ... 400 f

Mais comme il ne serait effectué que dans un
délai de 40 jours, et quelquefois plus, selon les saisons,
il faut ajouter à ces 400 f. l'intérêt à 6 p % des
40,000 fr. pendant les 30 jours qu'ils restent
improductifs en plus que par la voie ferrée, cet
intérêt sera de 200 francs, ci 200

Prix du transport par eau 600 ci 600

Différence de débours en faveur de la navigation 200 f

Néanmoins, malgré cette différence, l'avantage restera
en faveur du chemin de fer, car si les produits expédiés sont
encore destinés à être ouvrés, le destinataire pourra les
mettre en œuvre après un délai de 10 jours; ou dans
l'autre cas, il aura l'espoir de les pouvoir écouler au cours
qui l'ont déterminé à en faire la demande; tandis qu'il
sera incertain du cours qu'auront acquis ces produits
40 jours plus tard, & même davantage, si quelque cause
donne du retard à la navigation.

La différence des prix de revient entre les deux
modes de transport, deviendrait encore moindre, si la
valeur des produits transportés était supérieure à celle
que nous avons supposée. Elle se réduirait à Zéro, si le
prix du kilogramme était de 2 fr: car l'intérêt de 80,000 fr:
pendant 1 mois à 6 p %, serait de 400 fr: enfin elle se traduirait
en perte, si la valeur était supérieure à 2 fr: le kilogramme.

Mais l'inverse aurait lieu, s'il s'agissait de certains produits dont le prix ne s'élève qu'en raison des frais de transport, tels sont divers engrais, les pierres à bâtir, les bois de construction & de chauffage, la chaux, le plâtre, les charbons, &c.ᵃ

En effet, si la valeur commerciale de ce poids de 40 tonnes, à l'endroit de sa production ou de son extraction, n'était que 8 francs la tonne, les 40 tonnes coûteraient ... 320 f.

Le transport par la voie ferrée étant de ... 800

Le prix de revient, à destination serait de ... 1120 f.

Le transport par eau n'étant que de ... 400 f.

Le prix des 40 tonnes étant de ... 320 f.

L'intérêt à 6 p% de ces 320 f. pendant 30 jours, étant de ... 1 f 80

Le prix de revient à destination serait 721 f 80 u. 721.80

Différence réelle en faveur de la navigation 398 f 20.

L'un et l'autre de ces deux modes de transport offrent donc un avantage particulier et spécial à chacun d'eux:

Les chemins de fer, celui de la célérité;

La navigation, celui du bas prix des transports.

Le premier mode convient au transport des produits ouvrés & d'une certaine valeur;

Le second mode, à celui des matières encombrantes et peu coûteuses, dont l'utilisation ultérieure peut augmenter la production.

Les conditions avantageuses offertes par la navigation pour le transport des matières de peu de valeur, mais susceptibles d'en acquérir par leur utilisation, sont une des causes qui peuvent le plus accroître la prospérité des chemins de fer, en ce sens que les matières transportées par eau à un prix qui en permet l'utilisation dans un plus grand rayon, viendront ultérieurement augmenter la quantité des produits transportables par la voie ferrée, soit que ces matières aient acquis plus de valeur par leur mise en œuvre, soit qu'elles aient contribué à diminuer les frais de la production industrielle, soit enfin qu'elles aient été elles-mêmes agents directs de l'augmentation des produits agricoles.

Il est aussi à remarquer que si l'établissement d'un chemin de fer excite à la production, en donnant aux localités qu'il dessert un débouché pour les matières transportables qu'elles produisent, il ne peut par lui-même en augmenter la quantité; tandis que l'ouverture d'un canal, qui est le plus souvent creusé dans les endroits bas & marécageux, donne toujours, par l'abaissement du plan d'eau, de la fertilité aux terrains qu'il traverse, en même temps qu'il les assainit; de sorte que souvent les services qu'il rend à l'agriculture, comme instrumens de fertilité, et à l'humanité, sous le rapport hygiénique, sont supérieurs à ceux qu'il procure comme moyen de transport économique.

Dans un pays comme la France, où l'impôt est disséminé sur tous les produits, il est donc à désirer que la question de savoir si des canaux creusés dans les vallées transversales aboutissant à de grandes voies de navigation, pourraient par la seule industrie des transports, être suffisamment rémunérateurs du capital dépensé; mais aussi qu'on prenne en considération, le nombre d'hectares de

terrains marécageux, & par là improductifs, auxquels ces
canaux procureraient de la fertilité, & la quantité de
produits qu'ils pourraient mettre en plus dans la circulation
& qui viendraient augmenter le montant des impôts.

Si l'on envisageait la question sous ces deux points
de vue, il y aurait peu de vallées transversales aux grandes
voies de navigation, qui ne fussent dotées d'un canal qui
serait tout à-la-fois canal de navigation et de desséchement.
Il serait alimenté par l'écoulement des eaux stagnantes
& par le trop plein de la rivière à laquelle il servirait
d'auxiliaire dans les instants de crues.

L'administration des chemins de fer desservant ces
vallées y aurait même un intérêt direct et puissant, car
l'accroissement du nombre des transports effectués par
la voie ferrée proviendrait:

d'une part, des productions fournies en plus par les
terrains rendus à la culture & non consommées sur les
lieux, échangées contre celles particulières à d'autres
localités;

d'autre part, par la circulation d'une plus grande
quantité de voyageurs résultant de l'accroissement de la
population nécessité par la mise en culture des terrains
desséchés.

Il est donc de l'intérêt général, que l'industrie des
chemins de fer, & celle de la navigation soient toutes
deux prospères; que l'émulation s'établisse entr'elles;
que l'industrie des chemins de fer, tout en conservant l'avantage qu'elle trouve dans la célérité, recherche constamment
toutes les modifications qui lui permettront de rendre ses

(2)

tarifs moins différents de ceux de la navigation ; que la navigation, de son côté, s'applique à trouver les moyens de se rapprocher des chemins de fer pour la célérité, tout en conservant, et même en réduisant encore le prix de ses transports.

La célérité des transports étant le seul avantage que présentent, pour certains produits, les chemins de fer sur la navigation, il devient évident que toutes les modifications qui auront pour résultats d'accélérer la navigation, seront doublement à l'avantage de cette dernière, en ce sens, qu'en faisant disparaître en partie les motifs qui font, en certaines circonstances, la supériorité des chemins de fer, elles lui permettront de pouvoir réduire encore le prix de ses transports, puisque ces derniers seront effectués en moins de temps, avec le même nombre de mariniers & de bâteaux, que si la navigation avait été moins accélérée.

Il est facile de comprendre que si le même personnel et le même matériel font, dans une année, 12 voyages au lieu de 6, il y aura possibilité de réduire le tarif dans la même proportion, & qu'alors un grand nombre de matières qui n'auraient pas eu d'emploi, au prix de transport de 0f.02c. par tonne et par kilomètre, seront susceptibles d'être transportables, et par là, d'augmenter la production, si par suite de l'accélération apportée à la navigation, le tarif pouvait être abaissé à 0fr.01c. par tonne et par kilomètre & même au-dessous.

Causes de la lenteur de la navigation.

Les deux causes principales de la lenteur de la navigation intérieure, sont:

1° L'insuffisance, pendant une partie de l'année, du volume d'eau nécessaire pour offrir à la navigation assez de profondeur sur les cours d'eau naturels, ou pour alimenter les canaux, principalement ceux à point de partage, dans les biefs supérieurs.

2°... La perte de temps que cause le passage d'un navire d'un bief dans un autre.

Moyens d'accélérer la navigation intérieure.

Les deux causes principales qui retardent la navigation étant connues, nous pensons qu'il est possible de les atténuer considérablement par les deux moyens suivants:

Le premier, en diminuant les temps de chômages, par divers travaux ayant pour effets, de retarder la jonction, avec celles des rivières, des eaux pluviales amenées par les ravins et les torrents, & qui seules occasionnent les inondations; & de faire servir ces eaux retenues par de petits barrages en terre, élevés de distance en distance dans les ravins et les torrents, à suppléer à l'affaiblissement du débit des rivières, en laissant arriver dans ces dernières, le volume d'eau retenu, au moyen d'un très-petit orifice ménagé au bas de chaque barrage;

Le second, en employant un nouveau système d'écluse s'appliquant aux trois cas que peut présenter le volume d'alimentation, et qui aurait pour résultats:

1° d'accélérer la navigation, en diminuant sensiblement

le temps actuellement employé pour franchir chaque écluse.

2°. d'employer en outre, comme force motrice continue, le volume d'eau inutile à la navigation ;

3°. & d'éviter les chômages causés par l'insuffisance d'eau.

Avant de commencer la description de ces moyens d'amélioration, & afin de mieux faire ressortir les avantages qui en résulteraient, pour le commerce, l'industrie & l'agriculture, nous pensons qu'il est utile de jeter un coup d'œil sur les moyens actuellement employés par la navigation.

C'est ce que nous allons faire aussi brièvement que possible, sous le titre de notions préliminaires.

Elles contiendront:

1°. La définition des canaux de navigation et leur usage ;

2°. Les motifs qui ont conduit à canaliser les rivières, et les différentes causes de la variation de leur débit ;

3°. La définition et l'usage des écluses ;

4°. La description des écluses et des barrages actuels, accompagnée de quelques plans d'ensemble et partiels de ces écluses et de ces barrages, afin qu'on puisse, en comparant ces plans avec ceux que nous donnerons lors de la description de notre système d'écluse et de notre disposition de barrage, apprécier l'opportunité des modifications que nous désirons apporter ;

5°. L'alimentation des canaux de navigation ;

6°. Enfin la définition et l'alimentation des canaux à point de partage.

Ces notions d'ailleurs contiendront l'explication des termes dont nous aurons besoin de nous servir dans le cours de cet opuscule.

Notions préliminaires.

Canaux de Navigation. — Définition et Usage.

Un canal de navigation est une suite artificielle et continue d'étendues d'eau, chacune de même niveau, disposées en forme de gradins ou d'escalier, établies entre deux points d'une altitude différente, & au moyen desquelles on peut conduire un navire de l'un à l'autre de ces deux points.

Plan de la disposition des étendues d'eau d'un Canal.

Fig: 1ère

Chaque marche A B, C D, E F, G H, (fig: 1ère) représente la superficie de chaque étendue d'eau, & se nomme bief.

Chaque contremarche B C, D E, F G, représentant la différence de hauteur de chaque bief, est la chute de ces biefs.

Le nombre de chutes, &, par conséquens, de biefs d'un canal est déterminé :

1°. par la déclivité, considérée avec le niveau de la mer, de tous les terrains traversés par ce canal ;

2°. par la hauteur donnée à chaque chute.

Ainsi un canal aurait 20 biefs, s'il traversait une étendue de terrains dont la différence de niveau, à partir du plan d'eau du bief le plus bas, jusqu'au plan d'eau du bief le plus élevé, serait de 60 mètres, & si la hauteur de chaque chute était de 3 mètres.

Ordinairement un canal est creusé dans les parties les plus basses des terrains qu'il traverse, dans les vallées & non loin du cours d'eau qui suit l'inclinaison de cette vallée.

L'inclinaison des terrains qu'il traverse, n'est pas partout régulière; elle peut, dans une étendue de plusieurs kilomètres, ne présenter qu'un mètre de pente; &, dans une autre étendue d'un seul kilomètre contiguë à la première en avoir plusieurs mètres.

La hauteur de toutes les chutes devant être ordinairement la même, il arrive donc que la longueur des biefs d'un canal varie suivant la déclivité des terrains qu'il traverse.

- Cours d'eau naturels. Causes de la variation de
leur débit.

Les cours d'eau naturels sont sujets à des variations de débit.

Ces variations proviennent de plusieurs causes.

Les rivières dont les principaux affluents découlent des hautes montagnes couvertes de neiges et de glaces perpétuelles, ont leurs basses eaux pendant l'hiver, alors que le froid convertit en glaces et en neiges, les eaux pluviales et les brouillards qui tombent sur les sommets de ces montagnes; Elles ont leurs crues pendant l'été lorsque l'ardeur du soleil fait fondre ces glaces et ces neiges.

Les rivières qui sont alimentées exclusivement, ou en plus grande partie, par les eaux pluviales, ont leurs basses eaux pendant l'été, saison où il pleut le moins, & où l'évaporation est bien plus active. Elles ont leurs crues à la fin de l'automne, en hiver, & au commencement du printemps, époques où l'eau tombe en plus grande abondance & où l'évaporation est bien moins active.

Enfin celles qui s'alimentent d'affluents provenant en partie des glaciers & en partie des eaux pluviales, ont un régime plus régulier, parce que la crue d'une partie de ces affluents coïncide avec les basses eaux de l'autre partie, & réciproquement.

En France, si l'on excepte le Rhin, le Rhone & la Garonne, nous n'avons pas de rivières qui aient un régime mixte, & les basses eaux arrivent en été, époque la plus propice pour la navigation.

La profondeur des cours d'eau augmente ou diminue suivant ces variations de débit.

Barrage des Cours d'eau naturels.

Pour avoir en tout temps, ou du moins pendant plus longtemps, une profondeur suffisante pour la navigation, on canalise les fleuves et les rivières qu'on veut rendre navigables.

On y parvient en construisant de distance en distance des barrages qui partagent le parcours de la rivière en une suite de biefs successifs.

Supposons que dans la figure 2.ème ci-après, la ligne A B, soit la hauteur d'une des berges de la

rivière; la ligne CD, le plafond de cette rivière, & la ligne
EF, la hauteur où s'abaissent les eaux à l'instant de
l'étiage, c'est-à-dire à l'époque où la rivière est descen-
due au niveau le plus bas qu'elle atteint ordinairement
dans les temps secs.

Plan d'une rivière non barrée.

Figure 2.ème

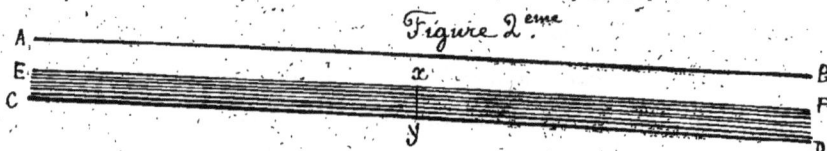

Si la hauteur de l'eau figurée par la ligne xy, n'est
pas suffisante pour la navigation, & dans le but d'éviter
les chômages, on canalise cette rivière, en élevant de distance en distance, des barrages au-dessus desquels la
hauteur naturelle xy du courant est obligée de s'élever; ce qui ralentit le cours de l'eau et donne plus
de profondeur; ainsi que l'indique la figure 3.ème

Plan d'une rivière barrée.

Figure 3.ème

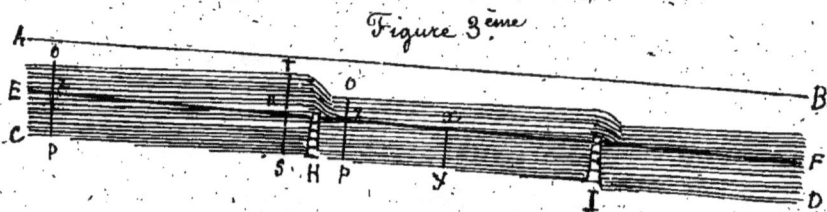

Des barrages H, I, étant élevés de distance en
distance, le courant primitif EF, dont la hauteur était
égale à xy, deviendra égale à OP, après chaque
barrage, & à TS en amont de chaque barrage.

La profondeur de la rivière sera donc augmentée de OZ,
en aval, et de TR, en amont de chacun des barrages.

Les barrages sont formés à l'aide d'aiguilles mobiles ou petites vannes longues & étroites placées les unes au-dessous des autres, & maintenues dans des rainures ménagées entre des piles de maçonnerie, comme le représente la figure suivante.

Figure 4.ᵉᵐᵉ

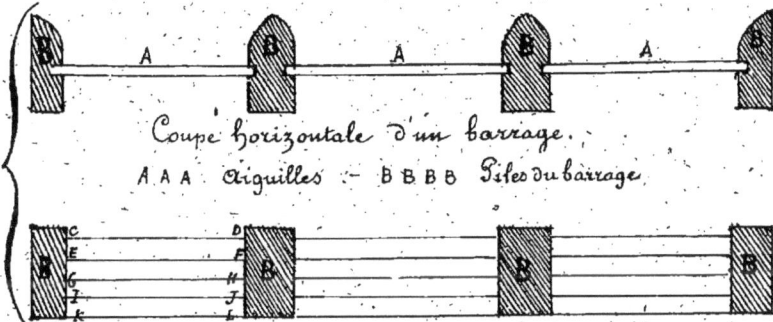

Coupe horizontale d'un barrage.

A A A Aiguilles — B B B B Piles du barrage.

Coupe verticale d'un barrage

C E F D, une des aiguilles.

Si les diverses variations de débit qu'éprouve une rivière dans laquelle serait élevé un barrage semblable à celui de la figure 4.ᵉᵐᵉ élevaient la hauteur ordinaire du courant indiqué par la ligne verticale X Y (fig:5) tantôt

(Figure 5.)

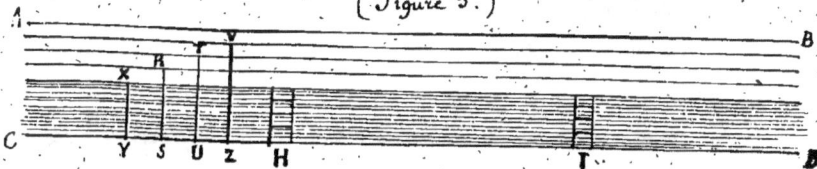

à la hauteur R S, tantôt à celle T U ou V Z, les barrages élevés aux points H et I, peuvent être, par l'enlèvement d'une, de deux, trois ou quatre aiguilles, abaissés à une distance assez considérable de la hauteur de la berge A B, pour que la cuvette de la rivière suffise à l'écoulement de toutes les eaux.

La différence de niveau du plan d'eau de chaque bief d'une rivière canalisée, se nomme aussi chute.

Nous avons dit précédemment, page 14, que la hauteur de toutes les chutes d'un canal est ordinairement la même.

Cette condition n'est pas nécessaire lorsqu'on canalise une rivière débitant un volume d'eau supérieur aux besoins de la navigation, ou bien lorsqu'un canal est creusé latéralement à une rivière dans laquelle on peut à volonté faire de nouvelles prises d'eau; ou bien encore, si l'on diminue la hauteur de chaque chute en proportion des pertes diverses que peuvent éprouver les biefs canalisés, soit par l'évaporation, soit par les filtrations ou les fuites des portes et des ventelles des écluses.

Écluses. - Leur usage. - Écluse de Canal. - Écluse de rivière canalisée.

On appelle Écluse un ouvrage établi à l'extrémité de tous les biefs d'un canal ou d'une rivière canalisée.

C'est au moyen d'une écluse qu'on soulève ou qu'on abaisse un navire pour le faire passer d'un bief dans un autre.

La disposition d'une écluse de canal diffère de celle d'une écluse de rivière canalisée, en ce que dans la première (fig. 6, 6 bis, 6 ter & 6 quater) la largeur ordinaire du canal est rétrécie à la dimension de celle de l'écluse, par un terre-plein latéral à l'écluse; & que dans la seconde (fig. 7, 7 bis 7 ter et 7 quater) l'espace compris entre l'écluse et la rive

Figure 6

Plan horizontal d'une Écluse de Canal (Échelle de 0.001m par mètre)

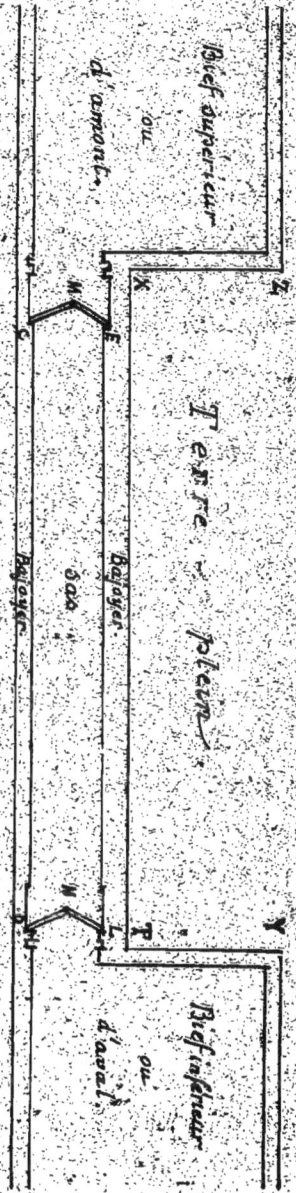

Bief supérieur ou d'amont.

Terre pleine.

Balayage.

eau.

Bief inférieur ou d'aval.

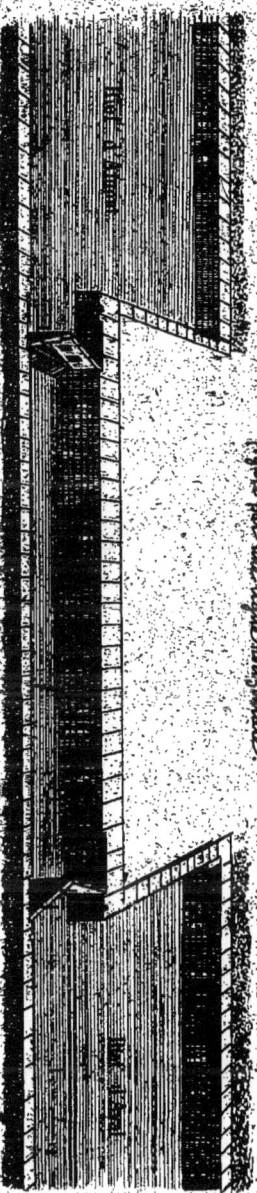

Figure 6 bis

Vue perspective horizontale de l'écluse fig. 6, lorsque le quai est à sec. Le bief d'amont a une profondeur de 4 mètres, le bief d'aval 3 mètres, l'eau de l'écluse est au niveau supérieur du chaque inférieur.
figure perspective horizontale.

Figure 6 bis

Bief d'Amont

Terre-plein

Bief d'Aval

Bief d'Amont

Terre-plein

Bief d'Aval

Figure 7 me

Plan horizontal d'une Écluse de Rivière. — Échelle de 0m.001 par mètre

Bief d'amont, se prolongeant jusqu'au barrage, et destiné
à l'écoulement du superflu du débit de la rivière

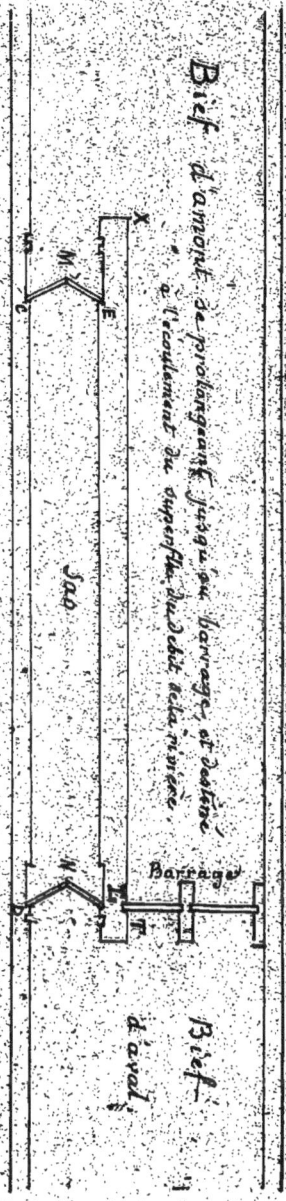

Sas

Barrage

Bief d'aval

Figure 7 bis

Vue perspective de l'Écluse et de la rivière, lorqu'elles sont à sec (même disposition qu'à la fig. 6 bis)

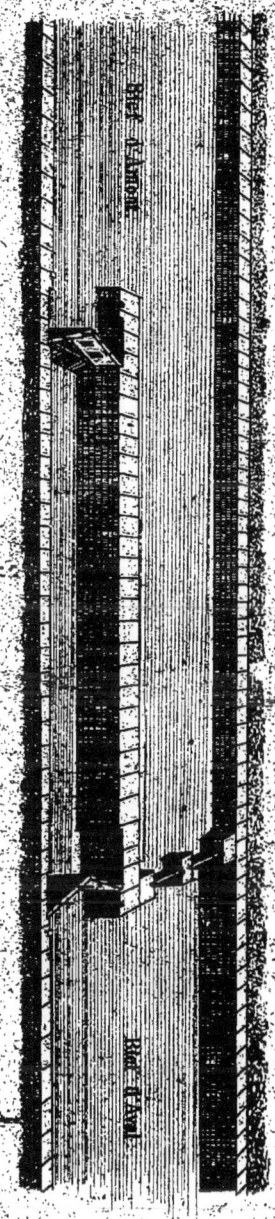

Bief d'Amont.

Bief d'Aval.

(22)

Figure 7 ter.

Vue perspective de l'écluse de Rivière fig. 7, lorsque le sas et le bief d'aval sont au même niveau.
(Mêmes observations qu'à la fig. 6 ter.)

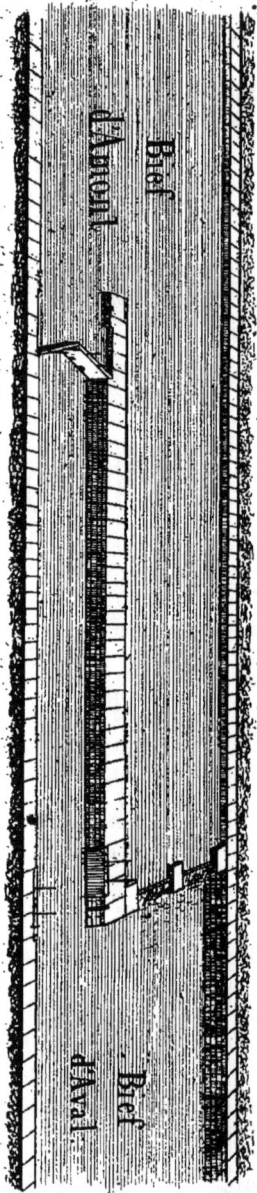

Bief
d'Amont

Bief
d'Aval

Figure 7 quater.

Vue perspective horizontale de l'écluse de Rivière, lorsque le sas et le bief d'amont sont au même niveau.
(Mêmes observations qu'à la fig. 6 quater.)

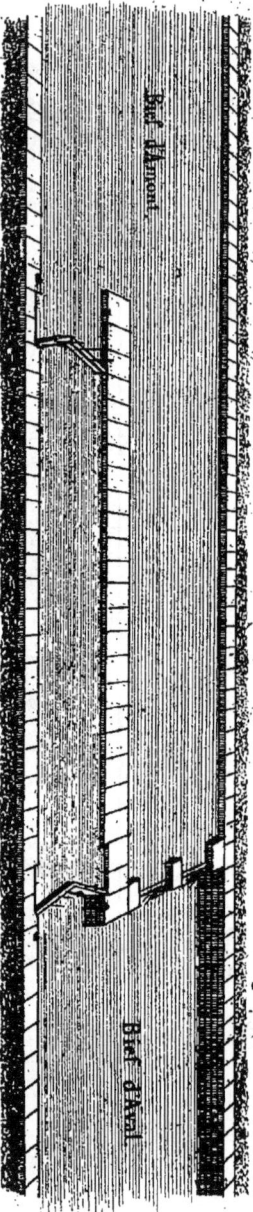

Bief d'Amont

Bief d'Aval

est destiné pour l'écoulement du volume d'eau excédant les besoins de la navigation.

Dans l'Écluse de canal (fig: 6) le bief supérieur se trouve séparé du sas, par la porte d'amont M. de l'écluse, et du bief inférieur par le terre-plein Z X t y, latéral à l'écluse.

Dans l'écluse de rivière (fig: 7), la séparation du bief supérieur d'avec le sas de l'écluse, est faite également par la porte d'amont M; & celle du bief supérieur d'avec le bief inférieur par le barrage élevé à l'extrémité de l'écluse, entre une rive du cours d'eau & le bajoyer X T.

Dénominations des principales parties d'une Écluse.

Les murs X T et C D, de l'écluse fig: 6, se nomment bajoyers. Le bajoyer X T est vu en élévation sur les plans perspectifs fig: 6 bis & 7 bis. Le bajoyer C D sur les mêmes figures est caché à l'œil de l'observateur qui n'en voit que le sommet.

Sur les figures 8, 9, 10 et 11, représentant la vue perspective longitudinale des Écluses, les deux bajoyers sont vus en entier.

Une porte à deux ventaux est établie en E M C, fig: 6; elle est vue en élévation en A B. fig: 12, par une coupe verticale; et en perspective, au point M, figures 8, 9, 10 & 11.; elle s'ouvre par le milieu M, et se nomme porte d'amont, ou de tête.

Elle sépare le bief d'amont du sas, et permet de tenir le plan d'eau de ce bief à un niveau plus élevé que celui du sas.

Cette porte est busquée, c'est-à-dire que les deux

ventaux dont elle se compose étant fermés, forment ensemble un angle obtus dont le sommet est tourné du côté du bief d'amont; en sorte que la poussée du volume d'eau de ce bief, ferme cette porte naturellement & mieux que ne pourrait le faire la meilleure serrure.

Une autre porte semblable est établie à l'autre extrémité de l'écluse: elle est vue horizontalement en LND, fig: 6 et fig: 7; en élévation aux points D F fig: 12; et en perspective fig: 9, 10 & 11.

Elle s'ouvre au point N, et est élevée au même niveau que celui de la porte d'amont, mais elle descend plus bas que cette dernière de toute la différence de hauteur de la chute.

Cette porte se nomme porte d'aval ou de mouille; elle est busquée comme celle d'amont & sert, lorsqu'elle est fermée, à tenir le plan d'eau du sas au même niveau que celui du bief d'amont; &, lorsqu'elle est ouverte & celle d'amont fermée, à laisser le plan d'eau du sas au même niveau que celui du bief d'aval.

Les figures 6 et 7 quater, représentent le sas au niveau du bief d'amont.

Les figures 6 et 7 ter, représentent le sas au niveau du bief d'aval.

On appelle sas, l'espace compris entre les deux portes ou busos de l'écluse.

Le plancher du fond du sas se nomme radier.

La hauteur du sas se divise en deux parties:

La partie B G F C, fig: 12, représente le niveau du plan d'eau du sas, lorsque la porte d'amont est fermée, & celle d'aval ouverte.

(4)

L'autre partie A B C D (même figure) couverte de hachures obliques, qui constitue ce qu'on nomme une éclusée, représente le volume d'eau que le bief d'amont doit fournir pour racheter la chute, c'est-à-dire, pour rendre le plan d'eau du sas au même niveau que celui du bief d'amont.

Dans la plupart des écluses actuelles, des vannes ou ventelles sont établies dans les ventaux des portes d'amont & d'aval.

Elles sont indiquées fig: 8, sur la porte d'amont M. & fig: 9, 10 & 11, sur les portes d'amont M, & d'aval N.

Celles de la porte d'amont sont destinées à faire la prise d'eau nécessaire pour racheter la chute existante entre le bief d'amont & le sas.

Celles de la porte d'aval, à l'écoulement d'une quantité d'eau suffisante pour abaisser le plan d'eau du sas au même niveau que celui du bief d'aval.

La dimension des écluses à sas est basée sur celle des plus grands navires qui doivent traverser ces écluses.

Elles ont ordinairement 8 à 10 fois plus de longueur que de largeur.

Passage d'un navire d'un bief dans un autre.

Supposons le bateau X (fig: 12) venant du bief d'aval pour entrer dans celui d'amont.

Si le dernier passage d'un navire s'est effectué d'amont en aval, la porte d'aval est restée ouverte & le plan d'eau du sas se trouve au même niveau que celui du bief d'aval.

L'écluse se trouve alors dans la position indiquée, fig: 7 ter, & le bateau X peut s'avancer jusqu'à la porte d'amont; on ferme ensuite la porte d'aval, et l'écluse se trouve dans la position représentée par la fig: 6 ter; puis on rachète la chute en faisant couler par les ventelles de la porte d'amont, une quantité d'eau suffisante pour élever le plan d'eau du sas au même niveau que celui du bief d'amont.

Lorsque les deux plans d'eau sont au même niveau, comme le représente la fig: 7 quater, on ouvre la porte d'amont et l'écluse se trouve alors dans la position indiquée fig: 6 quater. Le bateau X, qui s'est élevé en même temps que le plan d'eau du sas, peut sortir de l'écluse et entrer dans le bief d'amont.

Après la sortie du bateau X de l'écluse, s'il se trouve quelque navire dans le bief d'amont disposé à descendre dans celui d'aval, on profite de ce que le sas est au même niveau que celui du bief d'amont, pour faire prendre au navire avalant la place qu'occupait dans le sas le bateau montant X; on ferme ensuite la porte d'amont et l'écluse se trouve dans la position indiquée par la fig: 7 quater. Pour racheter la chute qui existe alors entre le sas et le bief d'aval, on lève les ventelles de la porte d'aval par lesquelles l'eau s'échappe jusqu'à ce que le plan d'eau du sas et celui du bief d'aval soient au même niveau, comme le représente la figure 6 ter; on ouvre la porte d'aval pour rendre l'écluse dans la position indiquée fig: 7 ter, et le navire, qui s'est abaissé en même temps que le plan d'eau du sas, peut entrer dans le bief d'aval.

Remarques sur les diverses opérations nécessitées pour
le passage d'un navire.

Si nous décomposons maintenant les diverses opérations
que nous venons d'indiquer pour le passage d'un navire
d'un bief dans un autre, nous trouvons:

1.ent   Pour le passage d'aval en amont:

1°. L'entrée du navire dans l'écluse;

2°. La fermeture de la porte d'aval;

3°. Le rachat de la chute du bief d'amont dans le sas;

4°. L'ouverture de la porte d'amont;

5°. La sortie du navire de l'écluse.

2.ent   Pour la descente d'amont en aval, lorsqu'on ne
profite pas du passage d'un navire remontant:

1°. La fermeture de la porte d'aval;

2°. Le rachat de la chute du bief d'amont dans le sas;

3°. L'ouverture de la porte d'amont;

4°. L'entrée du navire dans le sas;

5°. La fermeture de la porte d'amont;

6°. L'abaissement du plan d'eau du sas au niveau
de celui du bief d'aval;

7°. L'ouverture de la porte d'aval;

8°. Enfin la sortie du navire de l'écluse;

Les trois premières opérations n'ont pas lieu lorsqu'on
profite, comme nous l'avons fait ci-dessus, du passage d'un
navire remontant.

De même pour un navire remontant, si le dernier passage
avait encore eu lieu dans le même sens, l'écluse serait dans
la position indiquée fig: 7 quater, et il faudrait la rendre

29

dans la position représentée fig: 7.ter, ce qui demanderait aussi les trois opérations suivantes

1°. La fermeture de la porte d'aval;

2°. L'abaissement du sas au niveau du bief d'aval;

3°. L'ouverture de la porte d'aval.

Ainsi, soit en montant, soit en descendant une rivière canalisée ou un canal, le passage d'un navire demande 5 opérations différentes, lorsque le passage d'un navire remontant succède au passage d'un navire avalant; ou si le passage d'un navire avalant succède à celui d'un navire remontant; mais lorsque deux passages dans le même sens se succèdent, le second demande 8 opérations.

L'entrée d'un navire dans l'écluse, soit en montant, soit en avalant, forme piston foulant; cette opération demande d'autant plus de temps que la quantité d'eau que le navire est obligé de déplacer est considérable.

En effet, si un navire montant occupe presque toute la largeur de l'écluse, l'eau déplacée par ce navire n'ayant d'issue que dans le bief d'aval, ne peut s'y rendre qu'en passant entre les bajoyers & les flancs du navire.

Un navire avalant éprouve la même somme de résistance à son entrée du bief d'amont dans l'écluse.

Dans les deux sens, les navires ont besoin d'une plus grande force d'impulsion pour effectuer leur entrée dans le sas, ou bien, leur marche se trouve retardée en raison de la somme de résistance que leur oppose, en revenant sur lui-même, le volume d'eau qu'ils ont déplacé.

La porte d'amont & celle d'aval ne soit ouvertes qu'à l'instant où le plan d'eau en amont et en aval est

au même niveau et que les portes sont également émergées
sur leurs deux faces. Dans cette position elles peuvent
s'ouvrir avec facilité.

Il n'en serait pas de même si le plan d'eau en amont de
la porte était plus élevé que celui en aval, il faudrait alors
dépenser une force immense pour ouvrir les portes, et l'eau
se précipiterait avec une telle violence dans le sas que le
navire qui y serait enfermé courrait risque de se briser contre
les bajoyers ou contre la porte d'aval. Mais lorsque les
deux plans d'eau sont au même niveau, la poussée de
l'eau étant égale des deux côtés, se trouve neutralisée.
C'est pourquoi on peut ouvrir les portes avec facilité, et en
dépensant moins d'efforts que si les deux biefs étaient à
sec, parce qu'alors les portes se trouveraient totalement
émergées & par conséquent livrées à leur propre poids.

En effet, les portes, lorsqu'elles sont immergées, n'offrent
plus en pesanteur que la différence de leur poids spécifique;
de sorte que si l'une d'elles occupe dans l'eau un volume
de deux mètres cubes, & que le poids de cette porte émergée,
c'est-à-dire pesée dans l'air, soit de 2300 kilogrammes,
elle ne pesera plus, étant immergée, que 300 kilogrammes,
puisque deux mètres cubes d'eau pèsent 2000 kilogrammes
& soulèveront un poids correspondant.

Le rachat des chutes est effectué en un temps d'autant
plus court que les orifices de rachat sont nombreux et le
volume d'eau qu'ils doivent débiter peu considérable.

Une écluse ayant ordinairement, comme nous l'avons
déjà dit, huit à dix fois plus de longueur que de largeur,
& le rachat des chutes étant fait par des orifices qui

n'occupent qu'une faible partie des ventaux des portes, cette opération est la plus lente de toutes celles que demande le passage d'un navire.

Enfin les portes étant busquées, les ventelles ne peuvent être levées simultanément qu'avec le concours de plusieurs agents.

Alimentation des Canaux.

Les cours d'eau canalisés & les canaux ne laissant échapper par les écluses & les barrages que le volume d'eau superflu pour les besoins de la navigation, il en résulte qu'on peut donner aux biefs, soit en largeur, soit en profondeur, la dimension que l'on juge nécessaire pour recevoir les bâtiments qui doivent fréquenter cette voie navigable.

Le premier remplissage de tous les biefs jusqu'au niveau adopté, est alors plus ou moins lent, selon le débit du cours d'eau d'alimentation & la capacité à remplir, mais ensuite le volume nécessaire pour continuer l'alimentation journalière, se compose seulement :

1°... du nombre d'éclusées à fournir ;

2°... des pertes subies par l'évaporation ;

3°... des pertes produites par les filtrations ;

4°... Enfin de celles éprouvées par les fuites des des portes & des ventelles.

Les trois dernières causes de pertes sont plus ou moins grandes selon l'état de la température, la plus ou moins grande perméabilité des terrains traversés & le bon état d'entretien des écluses.

Elles sont évaluées ordinairement au terme moyen de $0^m 007^{mm}$ par mètre superficiel chaque jour.

Par ce qui précède, on voit que le bief d'amont, soit pour la remonte, soit pour la descente, doit toujours fournir le volume d'eau nécessaire à la navigation.

L'alimentation se fait donc de haut en bas.

La quantité de passages qu'on peut effectuer par jour, depuis un point jusqu'à un autre point d'un canal ou d'une rivière canalisée, se trouve, pour cette raison, subordonnée au volume d'eau dont on peut disposer journellement, au bief le plus élevé.

Ce volume, représentant le débit journalier, étant diminué de celui des pertes journalières, & la différence entre ces deux nombres étant divisée ensuite par le volume d'une éclusée, donnera pour quotient la quantité d'éclusées que pourra fournir la rivière ou le canal.

Le volume d'une éclusée est égal à la superficie du sas entre les deux portes ou buscs de l'écluse, multipliée par la hauteur de la chute du bief d'amont dans le sas.

L'écluse figurée ci-dessus à l'échelle de $0^m 001^{mm}$ par mètre, figures 6 et 7, à 85 mètres entre les deux buscs; sa largeur est de 10 mètres & la chute du bief d'amont dans le sas est de 3 mètres.

Le volume d'une éclusée sera de 85^m multiplié par 10 & le produit ensuite multiplié par 3, ou 2550^m (exprimé en chiffres comme suit $85^m \times 10^m \times 3^m = 2550$ mètres)

Maintenant si le volume disponible journellement au bief le plus élevé d'un canal, est de 96,000 mètres cubes, que ce canal ait 30 mètres de largeur au plan d'eau

& un parcours de 50 kilomètres, il perdra $0^m 007$ millimètres par mètre superficiel, ou $50,000 \times 30 \times 0^m 007^{mm} = 10,300$ mètres

Le nombre d'éclusées sera donc de $\dfrac{96,000 - 10,300}{2550} = 33$ éclusées plus un reste de 1550 mètres.

Lorsque dans le parcours d'un canal on peut faire entrer de temps en temps, une certaine quantité d'eau prise en quelque endroit que ce soit, afin de compenser les pertes éprouvées, ou bien, si l'on diminue la hauteur de la chute des biefs à chaque écluse, et par là, le volume de chaque éclusée au fur et à mesure des pertes éprouvées; on peut augmenter le nombre d'éclusées, en ne tenant pas compte des pertes & en divisant la totalité du nombre de mètres cubes disponibles journellement au bief supérieur par le volume d'eau de l'éclusée de la plus haute écluse. Ainsi dans l'exemple ci-dessus, le nombre d'éclusées de $\dfrac{96,000}{2550} = 37$ éclusées plus un reste de 1650 mètres.

Mais par contre, il faudrait que ce canal de 50 kilomètres de parcours ait un plus grand nombre d'écluses puisque la hauteur de chacune d'elles diminuerait à chaque bief. Dans l'exemple précédent l'écluse la plus élevée aurait

$$\dfrac{96000 - 1650}{37} = \dfrac{2550}{85 \times 10} = 3 \text{ mètres} \; - \; ;$$ et l'écluse la plus basse, $$\dfrac{96,000 - 10,300}{37} = \dfrac{2300}{85 \times 10} = 2 \text{ mètres } 70 \text{ centimètres}$$

Si la différence de hauteur du plan d'eau du bief le plus élevé avec celui du bief le plus bas était de 60 mètres, il y aurait 20 écluses et 33 éclusées par jour, si la chute de chacun des biefs était de 3 mètres; il y aurait 21 écluses et 37 éclusées si l'écluse la plus élevée avait 3 mètres de chute, et la plus basse 2 m. 70 c., ou en moyenne $2^m 85^c$.

(5)

Canaux à point de partage.
Leur définition et leur alimentation.

Jusqu'alors nous avons supposé un canal creusé sur le versant d'une vallée & au moyen duquel on peut faire monter ou descendre un navire d'une extrémité à l'autre de cette vallée; ou bien, une rivière canalisée descendant aussi le versant d'une même vallée.

Maintenant si nous supposons deux canaux ou deux rivières canalisées descendant chacun dans une direction opposée, & dont les deux biefs supérieurs situés à une même altitude soient joints ensemble & n'en forment plus qu'un seul, par lequel on pourra descendre, à volonté, sur chacun des deux versants, nous aurons ce qu'on appelle un canal à point de partage, comme le représente la figure suivante.

Canal à point de partage
Figure 13.

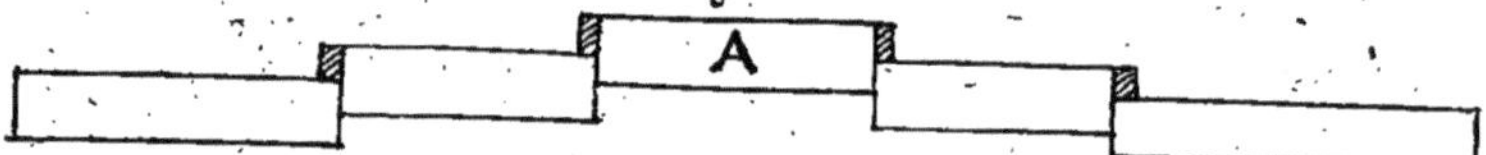

Pour alimenter ce canal, il faut que le bief supérieur A, nommé bief du point de partage, fournisse toute la quantité d'eau nécessaire, soit pour monter, soit pour descendre chaque versant, soit enfin pour compenser les pertes subies pendant le parcours du canal.

Les canaux à point de partage exigent donc pour faire monter & descendre un nombre quelconque de navires, d'un versant sur un autre versant, un volume d'eau double en quantité de celui qui est suffisant aux canaux et aux rivières canalisées pour faire monter ou descendre ce même nombre de navires depuis un point de leur parcours jusqu'à un autre point.

Chapitre 2ème

Description des travaux propres à diminuer les chômages
de la navigation intérieure, en régularisant le débit des
rivières au moyen de quelques ouvrages peu coûteux
qui auraient en même temps pour résultats certains
d'éviter les inondations.

Nous avons dit, chapitre 1er page 14, que les rivières
sont sujettes à de fréquentes variations de débit, & que
l'époque de leurs crues dépend de l'origine de ces rivières;
que les unes sont formées par la fonte des neiges et des
glaces accumulées, pendant l'hiver, sur le sommet des
montagnes; que d'autres le sont par les eaux de pluie;
& qu'enfin quelques rivières sont formées conjointement
par la fonte des neiges et des glaces & par les eaux
pluviales.

Nous allons maintenant entrer dans de plus amples
explications sur les causes qui font varier le débit des
rivières; puis nous indiquerons, en prenant pour exemple la
nature, les moyens qu'elle emploie & que nous pouvons imiter
dans beaucoup de circonstances, moyens qui auraient pour
résultats de régulariser le débit des rivières à l'avantage
de la navigation, & d'éviter les inondations.

Cours d'eau alimentés par les Glaciers.

Lorsqu'à leur sortie des montagnes, les fleuves formés
par la fonte des neiges & des glaçons, traversent des lacs
d'une assez grande superficie, ces lacs leur servent de

réservoirs & de régulateurs, & en même temps, ils offrent une plus grande superficie à l'action de l'évaporisation, qui diminue le volume qu'ils ont reçu, d'environ 0. 0^m004 millim: de hauteur par jour & par mètre superficiel.

Telles sont en Suisse, les fonctions du lac de Constance traversé par le Rhin, & de quelques autres traversés par les affluents de ce fleuve; telle est aussi celle du lac de Genève que traverse le Rhône.

Une élévation d'un mètre au-dessus du niveau ordinaire de ce dernier lac dont la superficie est de 480 kilomètres ou 480 millions de mètres carrés, constitue une réserve de 480 millions de mètres cubes, qui peuvent venir s'y déposer en plus ou moins de temps, selon l'état de la température, & qui ne viennent augmenter le niveau de ce fleuve, en aval du lac, que d'une hauteur variant entre 0^m et 1 mètre;

En effet, soit A (fig: 14) le lit du Rhône en amont du lac de Genève que nous représentons par C, et B le lit le lit de ce fleuve à sa sortie du lac.

(Fig. 14)

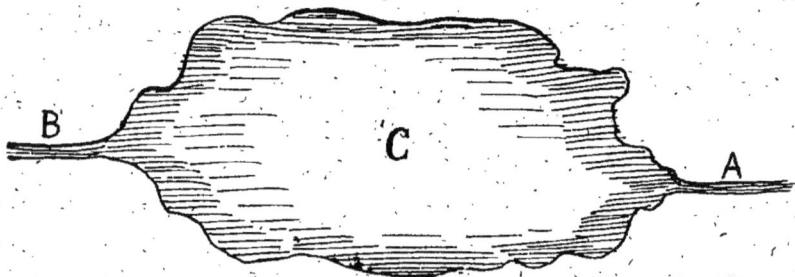

Supposons 300 mètres cubes par seconde, ce qui fait environ 26 millions de mètres cubes, pour le volume ordinaire amené journellement dans le lac par le lit A.

Admettons que la hauteur de la colonne d'eau du lit A, qui amène journellement ces 26 millions de mètres cubes, soit de 2 mètres; ces 26 millions, moins la quantité que l'évaporation aura enlevée pendant leur séjour dans le lac, quantité qui sera d'environ 2 millions de mètres cubes, sortiront par le lit B, & par une colonne d'eau qui aura $\frac{2}{26}$ ou 0.^{m}08.^{c} de moins en hauteur que les deux mètres qu'avait la colonne d'eau du lit A (en supposant la largeur & la pente du fleuve semblables en aval qu'en amont, car la pente du Rhône est moindre à sa sortie du lac qu'en amont.)

Supposons maintenant que l'élévation de la température fasse fondre pendant un jour, une double quantité de neiges & de glaçons, & qu'alors le débit du fleuve en amont du lac soit augmentée du double & porté par conséquent à 52 millions de mètres cubes.

La hauteur de la colonne d'eau du lit A amenant ces 52 millions de mètres cubes, sera doublée & aura 4 mètres jusqu'à son arrivée dans le lac; mais là, comme elle trouvera à s'étendre sur une superficie de 480 millions de mètres, elle n'atteindra plus qu'une hauteur de $\frac{26}{480}$, ou 0.^{m}054 millimètres.

Ainsi cette crue de 26 millions de mètres cubes qui élève la hauteur de la colonne d'eau du lit du fleuve, de 2 mètres en amont du lac, n'exhaussera le niveau du plan d'eau du lac que de 0.^{m}054 millimètres, & celui du plan d'eau du lit B, qui sera encore diminué de 0.^{m}004^{mm}

enlevés par l'évaporation pendant le séjour des 26 millions de mètres cubes dans le lac, n'aura plus alors que $0^m.05$ centimètres au-dessous de son niveau ordinaire.

Des 26 millions de mètres cubes amenés dans le lac par cette crue d'un jour & par une colonne d'eau supplémentaire de 2 mètres dont se trouve exhaussé le plan d'eau du Rhône avant sa jonction avec le lac, la quarantième partie ou 600,000 mètres environ seront rendus par le lac & pendant un jour au lit B, que nous avons supposé de même largeur et de même pente que le lit A, puisque le niveau du fleuve en aval du lac ne sera augmenté que de $0^m.05$ centimètres ou la quarantième partie des 2 mètres qu'avait l'exhaussement du lit A avant sa jonction avec le lac.

Le reste de la crue, c'est-à-dire, les 23,400,000 mètres formeront une réserve que le lac fournira par petites parties décroissantes jusqu'à ce qu'il soit revenu à son niveau normal; ce qui n'aura lieu que 50 à 60 jours plus tard.

Si l'augmentation du débit du Rhône, en amont du lac continue dans la même proportion un 2ème jour, la colonne d'eau du lit B du Rhône, en aval du lac, sera encore augmentée de $0^m.05^c$ elle aura alors $0^m.10^c$ en plus que sa hauteur ordinaire & débitera aussi en plus 1,200,000 mètres cubes par jour.

Ainsi, avant que le plan d'eau du lac, &, par conséquent celui du lit B, se soient élevés d'un mètre, il faudra que l'élévation de la température continue, pendant plus de 20 jours, à faire fondre une quantité de neiges & de glaces double de celle qu'elle a coutume de liquéfier dans les temps ordinaires.

Le lac de Genève sert donc de réservoir et de modérateur à toute la partie du cours du Rhône en aval de ce lac, et l'empêcherait de se livrer à des écarts subits de niveau, s'il ne recevait pas d'autres affluents formés par les eaux pluviales.

Il en est de même de tous les fleuves formés par les glaciers, & qui traversent des lacs avant de continuer leur cours à travers les terres.

Mais toutes les rivières formées par les glaciers n'ont pas toujours à traverser des lacs qui en régularisent le débit, qui alors varie suivant l'état de la température.

Comme il serait presque au-dessus de la puissance de l'homme de creuser des lacs pour recevoir ces cours d'eau à leur sortie des montagnes, ou du moins que les frais de terrassement de ces lacs, joints à la perte du terrain qu'ils occuperaient, pourraient ne pas être compensés par les avantages que procurerait un régime plus régulier de ces rivières; il convient donc d'employer d'autres moyens qui pourraient dans une certaine mesure, modérer le débit de ces cours d'eau, et en ralentir l'arrivée dans les rivières sujettes aux inondations.

Ces moyens consisteraient à accumuler, en certains endroits, dans les gorges des montagnes entre lesquelles coulent les eaux descendant des glaciers, & partout où cela pourrait avoir lieu sans inconvénient, des blocs de rochers et de pierres qui formeraient de distance en distance des espèces de barrages à claire-voie, dont les résultats seraient de retarder le passage des eaux, en les forçant de ne s'écouler qu'entre les interstices des roches & des pierres.

Ou bien encore, lorsqu'il y aurait quelque intérêt & possibilité de le faire, de construire de véritables barrages très-élevés et percés dans le bas d'un orifice qui ne laisserait écouler journellement que la quantité d'eau moyenne fournie par ce cours d'eau. Ces barrages élevés de manière à former un pont praticable pour les voitures, auraient une largeur assez grande pour supporter la poussée d'une grande masse d'eau. L'orifice seulement serait en maçonnerie & le reste en terre; ils formeraient en amont et en aval, un talus comme l'indiquent les trois figures suivantes.

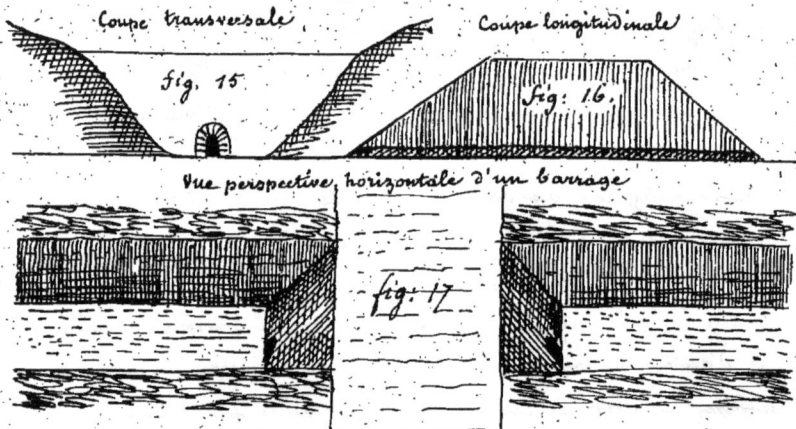

Coupe transversale.   Coupe longitudinale

fig. 15   fig. 16.

vue perspective horizontale d'un barrage

fig. 17

De semblables barrages répétés aussi souvent que possible sur ces cours d'eau, de même que toutes les mesures qu'on pourrait prendre selon les circonstances que présenterait l'encaissement de ces cours d'eau, et qui auraient pour résultats d'en ralentir l'arrivée dans les rivières sujettes à déborder, rempliraient à l'égard de ces dernières, & dans une certaine mesure, le même rôle que nous avons vu remplir par le lac de Genève pour le maintien du niveau du Rhône en aval de ce lac.

Rivières formées par les eaux pluviales.

Si l'on ne peut que dans une certaine mesure améliorer le

Le régime des rivières formées par les glaciers, il n'en est pas de même des modifications que l'on peut apporter pour l'amélioration du régime des rivières qui ont pour origine les eaux pluviales.

On peut en effet à leur égard, comme on le fait pour toutes les productions qui ne viennent qu'à une époque de l'année, faire, dans les instants d'abondance, des réserves destinées à suppléer en partie à l'insuffisance des autres époques.

Les réserves dont nous voulons parler ici, ont une double utilité, en ce sens, qu'une trop grande abondance d'eau de pluie nous cause autant & même plus de désastres que ne le peut faire une insuffisance de cette eau.

Commençons par examiner comment les cours d'eau permanents & les torrents sont formés par les eaux de pluie.

La quantité d'eau qui tombe annuellement en France, constatée par 200 ans d'observations, est d'environ 0.^{m} 50 cent. à 0.^{m} 60 centimètres de hauteur: 0.^{m} 50.^{c} dans les environs de Paris, & 0.^{m} 60.^{c} dans les départements plus méridionaux.

Une partie de cette eau est évaporée pendant son séjour sur la terre;

Une autre partie s'infiltre dans la terre;

Enfin une troisième partie, celle qui tombe sur des terrains inclinés ou imperméables, s'écoule à la surface du sol, en en suivant les déclivités.

Notre tâche n'est pas d'indiquer quel rôle joue dans l'économie animale et dans l'économie végétale, la portion d'eau évaporée.

La quantité d'eau qui tombe sur les terrains meubles, sablonneux, plats ou légèrement inclinés, s'y infiltre jusqu'à ce qu'elle rencontre une couche imperméable ou beaucoup

(6)

moins perméable, sur laquelle elle forme une première na,. v. d'eau. Une partie de cette première nappe d'eau continue à filtrer plus profondément, en s'échappant par les solutions de continuité que forme en certains endroits la première couche perméable, ou en filtrant lentement dans la couche moins perméable que celle de la superficie du sol, et va former une deuxième nappe d'eau lorsqu'elle arrive à une deuxième couche imperméable. La deuxième nappe d'eau, à son tour, donne naissance à une troisième, et les eaux pluviales en continuant de filtrer de plus en plus dans le sol forment ainsi de nouvelles nappes d'eau de plus en plus éloignées de la surface du sol.

Lorsqu'une ou plusieurs de ces couches plus ou moins imperméables viennent en affleurements à la surface du sol, l'eau qu'elles retiennent s'écoule par cet affleurement et forme des sources donnant naissance à de petits ruisseaux qui, par leur réunion forment les rivières dont la surface du sol est sillonnée.

Quelquefois ces affleurements ont lieu au fond des rivières, ou des lacs qui se trouvent ainsi alimentés par un tribut occulte.

Beaucoup de ces couches imperméables, principalement les plus profondes, n'ont d'affleurements ni à la surface du sol, ni au fond des rivières et des lacs, & les nappes d'eau qu'elles retiennent vont s'échapper au fond des mers, souvent à une distance considérable de l'endroit où les eaux pluviales ont commencé à s'infiltrer à la surface du sol.

En forant le sol dans le trajet de ces cours d'eau

souterrains, on parvient à en faire remonter une portion à la surface, si l'endroit où la terre est forée est situé à une altitude moins élevée que celle d'une partie de la couche imperméable.

Ces trous forés sont ce que nous appelons puits artésiens.

Ils ont pour résultats avantageux de fournir à la surface du sol, un volume d'eau qui n'aurait pas été employé par les hommes, & qui serait retourné à la mer pour être évaporé de nouveau.

Tant qu'à la partie des eaux pluviales qui a continué de s'échapper de la dernière nappe d'eau souterraine, il est permis de supposer qu'elle continue à filtrer de plus en plus dans le sol, jusqu'à ce qu'elle arrive assez profondément pour que la chaleur intérieure du globe terrestre la vaporise & la fasse remonter sous cette nouvelle forme vers la surface du sol, à travers les différentes couches qui constituent l'écorce du globe, auxquelles elle abandonne peu à peu le calorique qui l'a convertie en vapeur.

Il est aussi permis de supposer que les parties du globe les plus sujettes aux tremblements de terre sont celles où cette vapeur interne ne trouvant pas à s'échapper, ou ne s'échappant que difficilement à travers des couches trop compactes de l'écorce du globe, se fraie un passage en séparant violemment les molécules des matières qui constituent ces couches.

Cours d'eau permanents formés par les sources.

Les nappes d'eau souterraines donnant naissance aux cours d'eau permanents, remplissent à l'égard de ces derniers, le même rôle de modérateur que nous avons vu remplir

aux lacs, relativement aux cours d'eau descendant des glaciers
& traversant ces lacs.

Ces nappes souterraines n'étant alimentées que par les
gouttes d'eau pluviales qui, avant de parvenir à la surface
de ces nappes, sont obligées de filtrer au travers du sol, il
arrive qu'un certain espace de temps s'écoule avant que ces
gouttes aient atteint ces nappes & les aient augmentées au
moins d'élever ⎯ le débit des sources.

Les ouvertures que les eaux se sont pratiquées au
travers des affleurements n'ayant que de faibles orifices
relativement au volume d'eau de ces nappes, il s'en suit
que l'écoulement se fait peu à peu. Il commence à augmenter
quelques jours après les pluies & continue de s'accroître plus
ou moins longtemps, selon que les pluies ont été plus ou moins
abondantes. Ensuite cet écoulement va en diminuant jusqu'à ce
que de nouvelles pluies, en venant compenser le volume sorti
par les affleurements, fassent recommencer une nouvelle période
d'accroissement et de décroissement.

La nature, par ces réservoirs souterrains, a donc pourvu
elle-même à l'aménagement des eaux qui tombent sur les
terrains plats & perméables, & qui forment les cours d'eau
permanents. Aussi ces derniers, lorsque leurs sources seules
les alimentent, n'ont-ils jamais produit d'inondations.

A leur égard, nous n'avons d'autres améliorations à
pratiquer que d'élever dans ces cours d'eau, des obstacles, afin
d'en ralentir l'arrivée vers la mer ; c'est ce que les hommes
ont fait depuis longtemps, sur presque tous les petits cours
d'eau provenant de sources permanentes, en élevant de
distance en distance des barrages, & en se servant comme

moteur hydraulique de la chute des eaux d'un bief plus
élevé dans un autre bief de moindre élévation.

Des réglements sont établis pour le mode de jouissance de
ces cours d'eau, afin d'empêcher les usiniers en aval de nuire aux
usiniers en amont & aux propriétaires des terrains riverains,
en tenant trop élevé le plan d'eau en amont de leur usine; ce
qui diminuerait la chute de l'usine qui précède la leur, & inonde-
rait les terrains riverains.

Les barrages bien ordonnés de ces cours d'eau ont ainsi
pour résultats avantageux :

1°. De fournir à l'industrie des forces motrices naturelles;

2°. de retenir les eaux de ces rivières plus long-temps dans
leur lit; de les empêcher d'arriver en aussi grande abondance
grossir les fleuves, & de les amener dans ces derniers moins
chargées de dépôts terrestres qu'elles ont eu plus de temps pour
déposer, puisque leur cours a été plus lent.

Les barrages des petits cours d'eau contribuent ainsi à
maintenir le plan d'eau des fleuves plus régulier, en leur servant
de réservoirs et de modérateurs.

Néanmoins à l'égard de ces barrages, nous nous réservons, au chapitre
3ème d'indiquer une amélioration désirable au point de vue de dessè-
chemens des parties de terrains peu élevées & traversées par des
cours d'eau barrés; elle consisterait à établir latéralement
aux cours d'eau barrés, une fausse rivière ou simplement un
fossé commençant peu après un barrage et se joignant à
la rivière immédiatement après un autre barrage, comme
l'indique la figure suivante. Ces fossés dont le lit
serait plus bas que le plan d'eau de la rivière, seraient
les réceptacles dans lesquels iraient se rendre les

eaux pluviales qui tombent sur ces terrains et qui ne
peuvent se joindre à celles de la rivière dont le plan
d'eau est tenu trop élevé par les barrages.

figure 18.

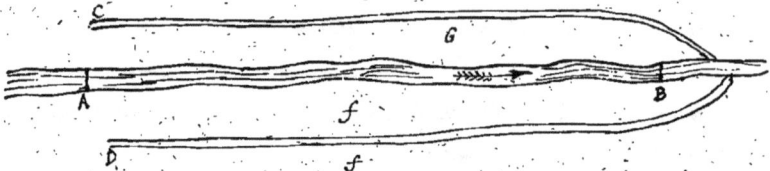

A barrage en amont, B barrage en aval; ff. GG, terrains peu
élevés au-dessus du plan d'eau de la Rivière; C et D fossés
latéraux servant de réceptacles aux eaux pluviales qu'ils
conduisent à la rivière après le barrage B.

Cours d'eau non permanents formés par les eaux pluviales
ou par la fonte des neiges tombées sur les terrains
en pente.

Il s'en faut de beaucoup que la portion des eaux pluviales,
celle qui tombe sur les terrains en pente ou imperméables, comme
l'argile, la pierre, &.ª, offre, dans nos contrées, les mêmes avantages que celle qui filtre dans le sol.
Loin de là, elle s'écoule en ruisseaux rapides qui bientôt
réunis forment, avant de se joindre aux cours d'eau permanents,
des torrents impétueux, & après leur réunion à ces cours d'eau,
des inondations souvent désastreuses.
Par leur accumulation successive sur les terrains riverains
des fleuves et des rivières sujettes aux débordements, les dépôts
qu'y ont laissés les eaux en se retirant, ont été utiles pendant
un temps, alors que le globe n'avait pas encore l'homme pour
habitant, ou que la race humaine était peu multipliée.

Ce sont en effet ces dépôts, augmentés des débris de la
végétation de chaque année que de nouveaux dépôts ont
recouverts successivement à chaque nouveau débordement, qui
ont formé dans les vallées ces excellentes terres d'alluvion, si
riches en principes fécondants.

Mais depuis la possession du globe par l'homme, dans
les contrées où la population est dense, où toutes les parties,
montagnes, plaines & vallées sont habitées, ces débordements
n'ont plus la même mission bienfaisante, si ce n'est pour les
terrains non livrés à la culture & laissés en prairies naturelles
auxquelles ils apportent un engrais fertilisant; Sauf cette
exception ils sont au contraire un fléau & pour les popula-
tions montagnardes auxquelles ils enlèvent le peu de terre végétale
qui recouvre leurs champs cultivés, & pour les habitants des
vallées dont ils détruiraient les travaux de culture, les récoltes
& les habitations, si les terres riveraines n'étaient pas proté-
gées par l'élévation artificielle des berges des rivières.

Néanmoins cette élévation artificielle des berges ne garantit
pas toujours suffisamment les terrains circonvoisins contre les
irrégularités du débit des rivières grossies par les eaux torrentielles; en effet il ne se passe pas d'années où nous n'appre-
nions quelques désastres occasionnés par les débordements.

D'un autre côté, l'élévation artificielle des berges n'est
pas non plus sans inconvénients; car, si elle s'oppose à ce que
les eaux des rivières couvrent les terrains plus bas que le
niveau présumable où elles peuvent s'élever, elle empêche
aussi que les eaux de pluie tombées dans ces terrains et
celles provenant des filtrations à travers les terres formant
les berges, puissent se joindre à celles de la rivière.

Cette élévation des berges au-dessous des terrains latéraux aux rivières, convertit ainsi ces terrains en marécages privés de moyens naturels d'écoulement, & ne pouvant être desséchés que par l'évaporation.

Il est donc de la plus grande importance d'entraver ce travail d'alluvion sur tous les terrains où il peut être nuisible, & de s'opposer aux trop fréquents débordements des rivières.

La nature notre maîtresse en tout, nous offre par la manière dont elle se sert pour régulariser le débit des rivières formées par les glaciers, & pour entretenir le débit des cours d'eau permanents, deux moyens que nous pouvons employer pour éviter les désastres causés par les débordements des rivières.

Le premier, en arrêtant plus longtemps, sur les terrains en pente, les eaux pluviales : pendant ce temps d'arrêt, une partie de ces eaux serait évaporée ; une autre filtrerait en plus ou moins grande quantité & irait se joindre aux nappes d'eaux souterraines ; enfin la troisième partie s'écoulerait seule dans les ravins.

Le second, en retardant encore la jonction avec celles des rivières, de cette 3ème partie des eaux pluviales qu'y déversent les ravins & les torrents.

Comment on peut retenir les eaux pluviales plus longtemps sur les terrains inclinés.

Les eaux pluviales peuvent être retenues plus longtemps sur les terrains en pente inclinée, par le boisement et le gazonnement des versants des montagnes et des collines.

Le Gouvernement s'occupe activement de ce travail qui aura les résultats suivants.

Les arbres plantés sur les terrains en pente retiendront sur la surface de leurs feuilles & de leurs branches, une certaine quantité d'eau qui diminuera celle qui serait tombée sur le sol.

Dans une forte pluie, on peut se rendre compte de la quantité d'eau retenue par les feuilles d'un arbre, en se servant de deux udomètres, ou simplement deux vases de même superficie; l'un placé sous les feuilles de l'arbre, et l'autre, dans un endroit voisin non abrité. La différence du volume reçu par chacun des deux vases, indiquera la portion retenue par les feuilles.

En effet, les feuilles forment une multitude d'étages superposés qui reçoivent successivement les eaux pluviales tombant sur la superficie des arbres. Les feuilles du sommet, formant l'étage le plus élevé, reçoivent la totalité de l'eau en conservant une partie & laissent tomber sur l'étage suivant ce qu'elles n'ont pu retenir. Ce n'est qu'après que les feuilles formant l'étage inférieur ont à leur tour fait leur retenue qu'elles abandonnent au sol l'eau qu'elles ont en excès.

Les herbes recouvrant les terrains en pente contribueront également à diminuer la quantité d'eau pluviale que ces terrains, dénudés auraient envoyée dans les ravins:

1° En formant au-dessus du sol un étage de verdure qui se trouve d'abord humecté par les eaux de pluie et en retient une partie avant qu'elles n'atteignent le sol;

2° En forçant l'eau qui arrive sur le sol & qui tend à suivre en ligne droite la déclivité du terrain, à contourner les tiges des herbes, & par là, en en retardant l'arrivée dans les ravins, lui laisser plus de temps pour être évaporée et pour filtrer dans le sol.

Le boisement & le gazonnement des versants des montagnes, des collines & des parties de terrain très inclinées, ne peut donc manquer d'avoir une grande efficacité, pour retenir plus longtemps sur le sol les eaux pluviales dans la saison des feuilles ou de la végétation des herbes.

Mais nous avons plusieurs mois de l'année où la plupart des arbres dépouillés de leurs feuilles, & les herbes privées de végétation, ne peuvent rendre le même service.

Ces quelques mois sont précisément ceux où il pleut le plus, où l'évaporation est la moins active, & dans lesquels par conséquent, il y aurait le plus besoin du concours de ces végétaux.

Souvent aussi pendant ces mois, la surface de la terre est gelée & les eaux pluviales ou provenant de la fonte des neiges, ne pouvant filtrer dans le sol, vont presque en totalité se rendre dans les ravins.

C'est dans ces circonstances qu'il importe le plus de retarder la jonction des eaux pluviales avec celles des rivières.

Comment on peut retarder la jonction des eaux pluviales
avec celles des rivières.

La jonction, avec celles des rivières, des eaux de pluie ou de fonte de neiges qu'y déversent les ravins & les torrents, peut être retardée au moyen de barrages élevés dans les parties où ces torrents ou ravins sont profondément encaissés. A l'aide de ces barrages les eaux pluviales formeraient de petits lacs dont l'écoulement aurait lieu par un orifice de peu d'importance ménagé dans la partie inférieure de chaque barrage.

Le volume d'eau retenu par ces barrages se répartirait ainsi.

1.° Une partie serait évaporée pendant son séjour en amont des barrages;

2.° Une autre partie filtrerait dans le sol verticalement & latéralement, &, en allant ainsi augmenter le volume des nappes d'eau souterraines, contribuerait à accroître le débit des cours d'eau permanents.

3.° Enfin la 3ème partie, en s'écoulant de barrage en barrage par le petit orifice ménagé au bas de chacun d'eux, irait se joindre aux rivières par de faibles filets d'eau qui seraient autant de sources nouvelles qui viendraient en augmenter le débit & coopérer à le rendre moins variable.

Cette élévation, dans le lit des torrents et des ravins, de petits barrages qui seraient faits simplement avec des terres prises sur les lieux et disposées en talus, en amont et en aval, avec une petite plate-forme au dessus, nous paraît le moyen le plus rationnel, le plus sûr & le moins coûteux, comme nous le démontrerons plus loin, de tous ceux qu'on pourrait employer pour arriver au but que nous nous proposons d'atteindre.

Il prend le mal à sa naissance & par de petits terrassements peu coûteux, très-faciles à exécuter, il établit dans une multitude d'endroits, de faibles réserves d'eau qui ne viennent se réunir aux rivières qu'après un temps assez long.

Il paralyse ainsi la puissance énorme qu'aurait acquise la réunion simultanée de toutes les eaux amenées par les torrents, avec celles des cours d'eau permanents, à l'instant où ces derniers, déjà grossis par les eaux pluviales qu'ils ont reçues verticalement & par celles qui se sont écoulées des terrains en pente qui les bordent, n'offrent plus une capacité suffisante pour recevoir l'apport des torrents.

C'est alors que les eaux se répandent sur les terrains riverains.

assez généralement bas en ces endroits, et forment ces inondations presque toujours désastreuses. Les figures suivantes vont servir à démontrer ce qui précède.

(Figure 19.)

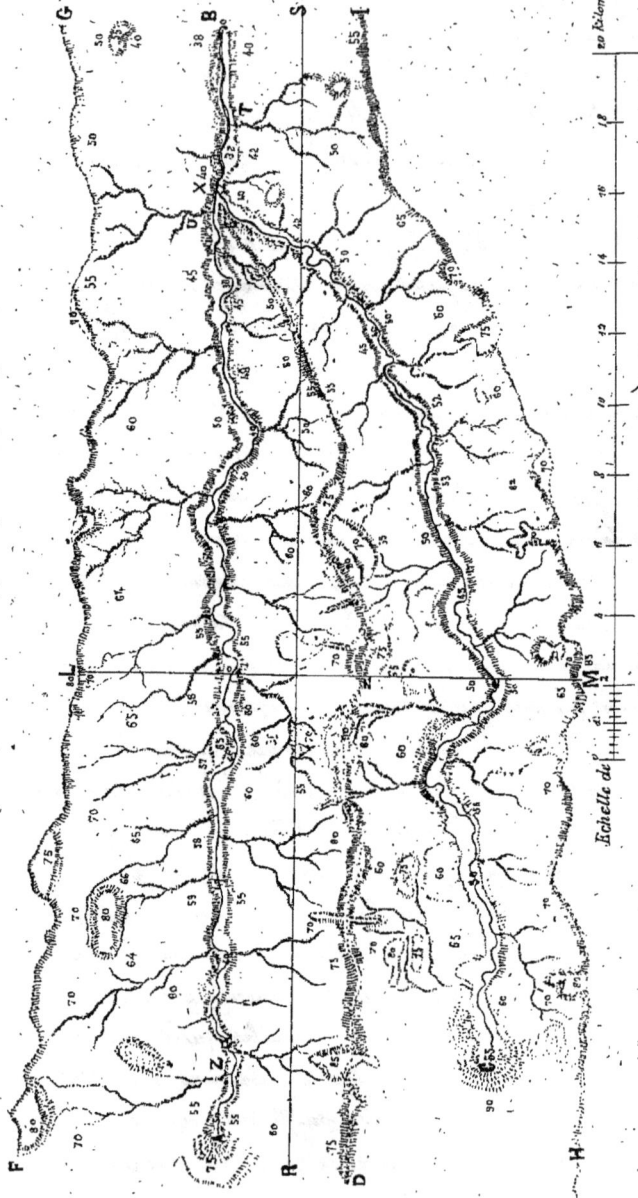

Soit le plan (figure 19) dressé à l'échelle de $0^m.001$ millimètre pour 200 mètres, ou $0^m.005$ millimètres par kilomètre et représentant une étendue de terrains longue de 32 kilomètres sur une largeur moyenne d'environ 14 kilomètres; ce qui fait 448 kilomètres de superficie, ou 44,800 hectares, ou 448,000,000 de mètres carrés.

Cette étendue de terrains est traversée par deux rivières:

L'une que nous appellerons la rivière A, prend sa source au point A, à une altitude que nous supposons de 50 mètres au dessus du niveau de la mer;

L'autre que nous nommerons la rivière C, prend sa source au point C, à une élévation de 55 mètres au dessus du niveau de la mer. Elle se réunit à la rivière A au point X après un parcours d'environ 30 kilomètres.

Supposons maintenant:

1° La ligne ponctuée FG, au haut du plan, comme la ligne du point de partage qui sépare la vallée où coule la rivière A, d'une autre vallée qui se trouve en dehors du plan;

2° La ligne ponctuée DE, comme la ligne du point de partage qui sépare la vallée où coule la rivière A, de l'autre vallée où coule la rivière C;

3° Enfin la ligne ponctuée HI, comme la ligne du point de partage qui sépare la vallée où coule la rivière C, d'une autre vallée également en dehors du plan.

Si nous tendons alors un cordeau transversalement entre deux points quelconques LM, du plan, depuis la ligne du point de partage FG, jusqu'à la ligne de partage HI, la superficie des terrains situés entre ces deux points formeront les angles LON & NPM. figure 20.ᵉ

Figure 20

Les sommets O & P de ces angles seront les endroits les plus bas des terrains ; la rivière C coule au point P, et la rivière A, au point O.

Les eaux qui tomberont de M en P et de N en P viendront se réunir en P ; celles qui tomberont de N en O et de L en O, viendront se réunir en O.

La ligne sinueuse LO forme dans son inclinaison, de Y en O, une ligne presque parallèle au cordeau LM ; elle ne se trouve pas sensiblement plus élevée que la partie du terrain où coule la rivière A, au point O. Cette partie YO de la ligne LO, sera susceptible d'être recouverte par les eaux de la rivière lorsqu'elles s'élèveront au-dessus de leurs berges.

La ligne NO, sur l'autre rive de la rivière A, s'élevant immédiatement après le lit de la rivière, ne pourra être recouverte par les eaux dans aucune de ses parties.

Dans l'autre vallée formée par l'angle MPN, un terrain presque plat et de même niveau que les berges naturelles de la rivière C, s'étend de chaque côté sur une largeur d'environ 300 mètres, qui seront susceptibles d'être recouverts d'eau lorsque la rivière sortira de son lit.

Si nous tendons pareillement un cordeau longitudinalement au plan & parallèlement au niveau de la mer, depuis le point R jusqu'au point S, & que nous figurions au-dessous les divers affaissements & renflements du sol, nous aurons une ligne brisée qui formera des angles

aux points x, x, x, x, x, x de la figure 21 ème dans
lesquels viendront se rendre, comme dans des
gouttières, les eaux qui tomberont dans les parties
inclinées de ces terrains. Ces gouttières seront les
ravins qui conduiront les eaux qu'ils recevront
dans la rivière A.

Sur le plan figure 19, les diverses positions
des terrains latéraux aux rivières A et C, sont
ainsi figurées.

Les terrains plats ou en pente douce, dans
lesquels les eaux pluviales peuvent filtrer, sont
indiqués par la couleur blanche du papier. De
temps en temps un chiffre indique leur altitude
au dessus du niveau de la mer.

Les terrains inclinés sont indiqués par des
traits qui sont plus ou moins serrés, selon que
la pente est plus ou moins forte. Les parties les
plus basses qui sont les ravins, sont figurées
par une petite ligne noire continue qui commence
à l'origine du ravin & se termine à la rivière.

Un monticule isolé au milieu d'une plaine
ou s'élevant au-dessus des terrains environnants
et formant une plate forme au sommet, est indiqué
comme il suit. La plate forme du sommet
est laissée en blanc, et entourée de traits depuis le
sommet jusqu'au pied. Les chiffres marqués avant la
montée indiquent la hauteur relative de ce monticule
avec les terrains environnants. La montée est d'un
côté de 16 mètres, de l'autre de 6 mètres, et vers le milieu
de 11 mètres.

(Figure 21.e)

Supposons maintenant qu'une forte pluie tombe pendant quelques heures seulement sur les terrains formant les deux bassins des deux vallées représentées par le plan fig. 19.

Les eaux tombées sur les terrains plats, ou ne s'abaissant pas par un plan très-incliné vers les ravins, s'infiltreront dans ces terrains, s'ils sont perméables, ou elles formeront dans les anfractuosités de ces terrains, s'ils ne sont pas perméables, des flaques qui y séjourneront jusqu'à ce que l'évaporation les enlève. Aucune portion de ces eaux ne viendra grossir immédiatement les rivières.

Les eaux tombées sur les terrains inclinés, et non évaporées ou filtrées dans leur cours jusqu'aux ravins, viendront s'y réunir; elles en suivront la pente & iront se joindre à celles des rivières dans un délai très-rapproché.

Le volume amené par le ravin T, le plus en aval indiqué sur le plan & qui a un parcours d'environ 4 kilomètres, pourra se trouver écoulé lorsque celui fourni par le ravin V, arrivera à l'endroit où le ravin T s'est joint à la rivière, qu'il continuera de tenir à la même hauteur où l'avait élevé l'apport du ravin T. Le ravin immédiatement en amont du ravin V, viendra à son tour remplir le même office, & la rivière continuera, vers l'endroit où le ravin T s'y est jeté, à conserver le même niveau; jusqu'à ce que le dernier ravin Z ait à son tour amené ses eaux.

Les eaux de cette pluie de quelques heures s'écouleront avec la même régularité qu'un bataillon, marchant par section, & qui a bien conservé ses distances, en met à se réunir en bataille.

Après l'apport du dernier ravin Z, la rivière

retombera au même niveau qu'elle avait avant la pluie.

Mais, si au lieu de durer quelques heures, cette pluie est continue pendant un, deux, trois jours & même plus, les eaux amenées simultanément par tous les torrents, grossiront démesurément la rivière, dont le niveau se trouvant alors exhaussé, refluera par les embouchures des torrents, & s'opposera à la jonction avec celles de la rivière, des nouvelles eaux amenées par les torrents, jusqu'à ce que le volume qui descendra des parties plus en amont, ait rendu le plan d'eau de ces derniers supérieur à celui de la rivière.

Cet amoncellement des eaux amenées par les torrents se fait donc près de leur jonction avec la rivière, dans les endroits où leur lit est à une faible altitude au-dessus du plan d'eau ordinaire de cette rivière.

Si le niveau du plan d'eau de cette dernière, par suite de pluies abondantes et continues s'est élevé de 2, 3, ou 4 mètres, les torrents dont le lit n'est qu'à 2, 3 ou 4 mètres au-dessus du niveau ordinaire de la rivière, n'auront pas d'écoulement; ils devront attendre que le niveau du plan d'eau de cette dernière se soit abaissé, ou que de nouveaux volumes d'eau descendus des parties en amont des torrents en aient élevé le plan d'eau au-dessus de celui de la rivière.

C'est dans ces circonstances que les eaux des torrents peuvent s'élever au-dessus des digues entre lesquelles ils sont encaissés, dans les terrains dont la superficie se trouve presqu'au niveau du plan d'eau ordinaire des rivières, terrains que l'on protège contre les inondations, par des levées de terre, qui rehaussent les berges des rivières & par des digues élevées, au même niveau que les berges

(8)

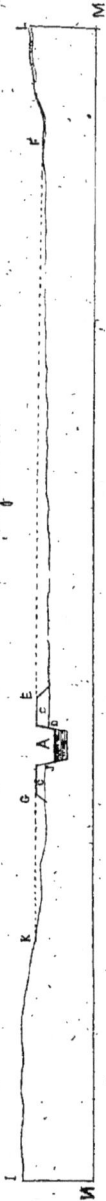

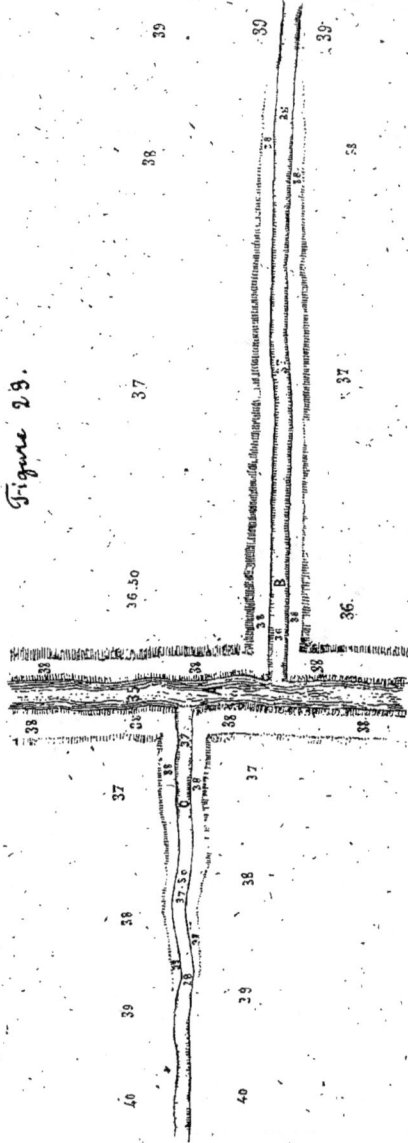

Figure 22

Figure 23

58

& s'étendant de chaque
côté des ravins jusqu'à
l'endroit où la superficie
naturelle du sol se trouve
aussi élevée que celle
des berges.

Les figures 22 et 23
ci-contre serviront à
mieux faire compren-
dre ce qui précède.

La ligne MN, fig: 22
représente le niveau de
la mer;

La ligne DL, la pen-
te du terrain sur la
rive droite d'une rivière;

La ligne JI, la pente
du terrain sur la rive
gauche;

CC sont deux levées
de terre qui exhaussent
de chaque côté les berges
naturelles de la rivière;

Les lignes ponctuées
EF et GK, prolongées
sur chaque rive à la
hauteur du sommet
des berges, et parallè-
lement à la ligne du

niveau de la mer, représentent la hauteur des digues qui en-
caissent deux ravins, dont l'un sur la rive a pour lit le sol,
& l'autre sur la rive gauche a également le sol pour lit.

Le plan figure 23, représente horizontalement les mêmes
terrains.

A est le lit de la rivière; — B, celui d'un torrent sur la rive
droite; — C, celui d'un autre torrent sur la rive gauche.

L'altitude du plan d'eau de la rivière au-dessus du niveau
de la mer est de 35 mètres.

L'élévation des terrains de la rive droite, et sur le côté
gauche du ravin B, est de 36 mètres près de la rivière, 37 mètres
à une distance de 50 mètres & 38 mètres à une distance d'environ
100 mètres.

Sur le côté droit du même ravin, cette élévation est de $36^m 50^c$
près de la rivière, 37 mètres à 40 mètres du rivage & 38 mètres
à 100 mètres.

L'élévation des terrains sur la rive gauche, et sur les deux
côtés du ravin C, est de 47 mètres près de la rivière et de 38
mètres à 30 mètres du rivage.

Si l'expérience a montré qu'à la suite de grandes pluies
ou de fonte rapide de neiges, le niveau ordinaire de cette rivière
est susceptible d'être augmenté de 2 mètres 15 centimètres, on
a surélevé les berges de la rivière A & les côtés des ravins
B et C, en y rapportant des levées de terre qui les élèvent
uniformément un peu au-dessus de la hauteur présumée
que les eaux peuvent atteindre.

Sur la rive droite de la rivière la levée de terre surélevant
la berge est de 2 mètres en aval du ravin, & de 1 mètre 50^c
en amont.

Les digues du ravin B sont élevées de 2 mètres près de la rivière & elles vont en diminuant de hauteur jusqu'à ce qu'elles arrivent à zéro, à l'endroit où le lit du ravin se trouve élevé au-dessus de 38 mètres.

Sur la rive gauche, la levée de terre surélevant la berge est d'un mètre, & la hauteur des digues du ravin C est aussi d'un mètre près de la rivière; elles se terminent à zéro lorsqu'elles arrivent au point où la superficie naturelle du terrain se trouve au-dessus de 38 mètres.

Tant que le niveau du plan d'eau de la rivière ne s'élève pas à 36 mètres, l'écoulement des eaux des deux ravins se fait sans obstacle; elles se joignent à celles de la rivière au fur & à mesure qu'elles arrivent.

Lorsqu'elles s'élèvent à 37 mètres, l'écoulement des eaux du ravin C peut encore avoir lieu; mais dans le ravin B, les eaux de la rivière refluent jusqu'à ce qu'elles atteignent le point où la superficie du lit est de 37 mètres, & la jonction des eaux du torrent avec celles de la rivière se fait à ce point.

Lorsque la crue élève le niveau de la rivière à $37^m.75^c$ la jonction des eaux torrentielles avec celles de la rivière se fait dans chacun des deux ravins à l'endroit où le niveau du lit se trouve à $37^m.75^c$. Toute la partie du lit comprise entre la rivière et ce point forme un lac qui n'a point d'écoulement, & dont le niveau s'élève ou s'abaisse selon les fluctuations du plan d'eau de la rivière.

Si la crue élève le plan d'eau au-dessus de 38 mètres, alors les eaux de la rivière & celles retenues sans écoulement entre les digues des ravins, se répandent dans les terrains d'une altitude inférieure à 38 mètres, en se déversant par-dessus les berges de la rivière & les digues des ravins.

Dans les parties de terrains latérales au ravin B, sur la rive droite, en amont du point F fig: 22, et dans celles latérales au ravin C, sur la rive gauche, en amont du point K, la superficie des terrains étant à plus de 38 mètres d'altitude, et par conséquent plus élevée que le sommet des digues, se trouve garantie de l'inondation formée par une crue de 3 mètres au-dessus du niveau ordinaire de la rivière. L'inondation n'exerce ses ravages que dans les zones longitudinales comprises entre les points EF sur la rive-droite, & GK sur la rive gauche.

Lorsque par négligence on a laissé endommager les berges des rivières ou les digues des ravins, & que dans quelques parties elles ne s'élèvent pas à 38 mètres, il est évident que les eaux commenceront à se répandre sur les terrains latéraux aussitôt qu'elles seront parvenues à la hauteur de la brèche.

Souvent aussi les animaux rongeurs creusent des galeries dans les parties des berges et des digues exhaussées, dans les instants où ces digues & ces berges sont à sec.

Lorsque survient une crue, & que les eaux arrivent à la hauteur de ces galeries, elles s'y fraient un passage par où elles se répandent sur les terrains que protégeaient ces berges et ces digues artificielles.

Quand l'inondation provient par la rupture des digues des ravins, avant que les eaux ne soient arrivées au niveau du sommet de ces digues, ou parce que quelques parties de ces digues se trouvent moins hautes que les berges, ou encore par le passage des eaux dans des galeries dont il est question ci-dessus, les ravins sont bien les instruments de l'inondation, mais il n'en sont point les causes.

Ces causes proviennent de l'élévation du plan d'eau de la rivière par l'apport simultané de toutes les eaux qu'y ont amenées les ravins en amont de celui ou de ceux dont les digues se sont trouvées renversées ou insuffisantes pour contenir toutes les eaux.

Il devient évident que si les eaux des ravins en amont du point où l'inondation s'est produite avaient été retenues dans ces ravins pendant un espace de temps double, triple, quadruple &ª de celui qu'elles ont mis à se joindre aux rivières, l'élévation du plan d'eau de ces dernières n'aurait été que de moitié, du tiers, du quart &ª & qu'alors l'inondation, causée par l'exhaussement excessif de ce plan d'eau, n'aurait pas eu lieu.

La rivière aurait eu un niveau moins élevé, mais elle l'aurait conservée pendant un temps égal au double, au triple au quadruple de celui qu'elle le conserve, lorsque rien ne vient modérer l'affluence de ces eaux torrentielles.

Nous allons par quelques exemples indiquer comment & en quelle quantité, on pourrait retenir pendant un temps plus ou moins long, les eaux pluviales, au moyen de petits barrages en terre, élevés à peu de frais dans les parties des ravins où ils se trouvent encaissés naturellement par les terrains riverains, & comment la jonction avec les rivières, des eaux ainsi retenues, peut à un instant déterminé contribuer à maintenir plus régulièrement le plan d'eau de ces rivières.

Commençons par le département de la haute Loire qui est traversé par la Loire et par l'Allier.

De ces deux rivières, l'une, la Loire, prend sa source dans le départemens de l'Ardèche & arrive dans le département de la haute-Loire déjà grossie du tribut de 17 petits cours d'eau.

L'autre, l'Allier, prend naissance dans le départemens de la Lozère & entre dans celui de la haute-Loire après avoir reçu le produit de 66 petits cours d'eau.

Le parcours développé de chacune de ces deux rivières dans ce départemens est d'environ 100 kilomètres.

La Loire reçoit, pendant ces 100 kilomètres, le produit de 215 petits cours d'eau, dont le développement y compris celui de la Loire n'est pas moindre de 2000 kilomètres.

L'Allier reçoit à peu près le même nombre de cours d'eau dont le développement n'est pas non plus inférieur à 2000 kilomètres.

En admettant que ces 430 petits cours d'eau offrant un développement de 4000 kilomètres, reçoivent latéralement sur chaque rive, tous les 4 kilomètres, les eaux de pluie ou de fonte de neige, amenées par un ravin ou un torrens. Chaque rive recevra ainsi 1000 ravins & les deux rives, 2000 ravins.

Quelques uns de ces ravins amèneront les eaux de 10, 15 et 20 kilomètres; d'autres n'auront que 2 ou 3 kilomètres de parcours; d'autres enfin seront les réceptacles où d'autres ravins latéraux viendront aboutir, & prendront le nom de torrents.

Mais admettons qu'en moyenne le parcours de

chacun de ces ravins soit de 5 kilomètres, nous aurons aussi 2000 ravins présentans ensemble un développement de 10,000 kilomètres, qui viendront grossir les rivières dans les temps pluvieux.

Admettons aussi que pour ce département dont la superficie est de 495,784 hectares, la vingtième partie ou 24,789 hectares, soit en surface inclinée envoyant dans les 2000 ravins la moitié du volume total des eaux pluviales qu'ils reçoivent; l'autre moitié étant supposée ou avoir filtrée dans le sol, ou retenue par les feuilles, les gazons, ou les sinuosités des terrains en pente, ou enfin évaporée avant son arrivée dans le lit des ravins.

Supposons maintenant une pluie continuelle de plusieurs jours qui verse sur ces 24,789 hectares de terrains en pente, une hauteur de 0.^{m}15 centimètres d'eau, c'est-à-dire plus du quart de ce qui tombe pendant toute une année.

Un hectare contient 10,000 mètres carrés, & recevra ainsi une quantité d'eau égale à 10,000^m multipliés par 0^{m}15^c ou 1500 mètres cubes. Les 24 789 hectares, recevront 24,789 multipliés par 1500 ou 37,183,500 mètres cubes.

La moitié de ce nombre ou 18.596,750 mètres étant supposée arriver dans les 2000 ravins, chacun de ceux-ci recevra donc en moyenne 18.596,750 mètres divisés par 2000, ce qui fait 9298 mètres, ou pour arrondir 9300 mètres.

Toute la difficulté consiste donc à retenir en tout ou en partie, les 9300 mètres qui, en moyenne, viendront s'écouler dans un ravin, pendant un espace de temps qui ne peut être moindre de 3 jours, en supposant 0^{m}05 centimètres de hauteur d'eau tombée par chaque jour de pluie.

Supposons que depuis leur origine jusqu'à leur jonction avec le cours d'eau récepteur, la pente de chacun de ces ravins soit de 20 mètres, et que leur largeur moyenne soit de 3 mètres; la rampe sera de 0^{m}004 millimètres par mètre, & la superficie du lit de chaque ravin de 15000 mètres, puisque nous avons supposé leur longueur moyenne de 5,000 mètres.

Les 9300 mètres répartis sur toute la superficie des 15000^m de superficie du lit de chaque ravin atteindraient donc une hauteur de $\frac{9300}{15000}$, ou 0^{m}62 centimètres, et même moins, à cause des côtés en talus.

Mais comme l'eau ne peut être contenue sans écoulement qu'à la condition de former un plan d'eau parallèle au niveau de la mer, ces 9,300 mètres ne peuvent être conservés dans chaque ravin qu'au moyen de barrages élevés, de distance en distance qui en partageraient les 5000 mètres de parcours en un certain nombre de biefs contigus, comme nous allons l'expliquer ci-après.

Ces torrents ou ravins se trouvent dans une des trois catégories suivantes:

1° Ils servent exclusivement pour l'écoulement des eaux pluviales;

2° Ils servent conjointement pour l'écoulement des eaux & pour voie de communication à pied.

3° Ils servent pour les deux usages précédents, plus pour le passage des voitures, dans une partie ou sur toute leur étendue.

1° Torrents ou ravins servant exclusivement pour l'écoulement des eaux.

Dans ces sortes de ravins, on élève transversalement dans

9

leur lit, à une distance de 250 mètres les uns des autres, c'est-à-dire, lorsque la déclivité du lit du ravin à $0^m 004^{mm}$ par mètre, aura amené une pente d'un mètre, des barrages ayant un mètre de hauteur seulement, mais qui pourraient avoir plus d'élévation s'il en était besoin & que l'encaissement du ravin le permît.

La figure 24 ci-contre construite à l'échelle de $0^m 001^{mm}$ pour 5 mètres, représente une étendue de terrain d'un kilomètre de longueur sur 500 mètres de largeur, traversée par un ravin principal qui commence en dehors du plan & qui en reçoit 4 autres dans l'étendue du plan. Des barrages d'un mètre de hauteur sont élevés tous les 250 mètres aux points A, B, C, D F. Les chiffres indiquent la hauteur respective des terrains plats & du lit des ravins.

Ces barrages seraient simplement formés avec des terres prises sur chaque côté en amont du barrage.

Ils auraient la forme d'un prisme tronqué dont la base aurait 5 mètres d'épaisseur, & la surface tronquée un mètre, comme le représente la figure 25 ci-dessous

Coupe longitudinale du barrage.

Fig. 25

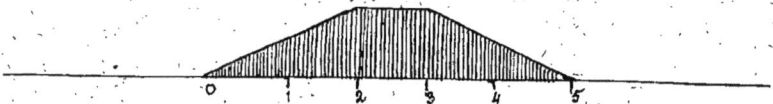

Le ravin étant supposé avoir trois mètres de largeur au plafond, la coupe transversale faite au milieu du barrage aurait la forme suivante fig. 26. page 68.

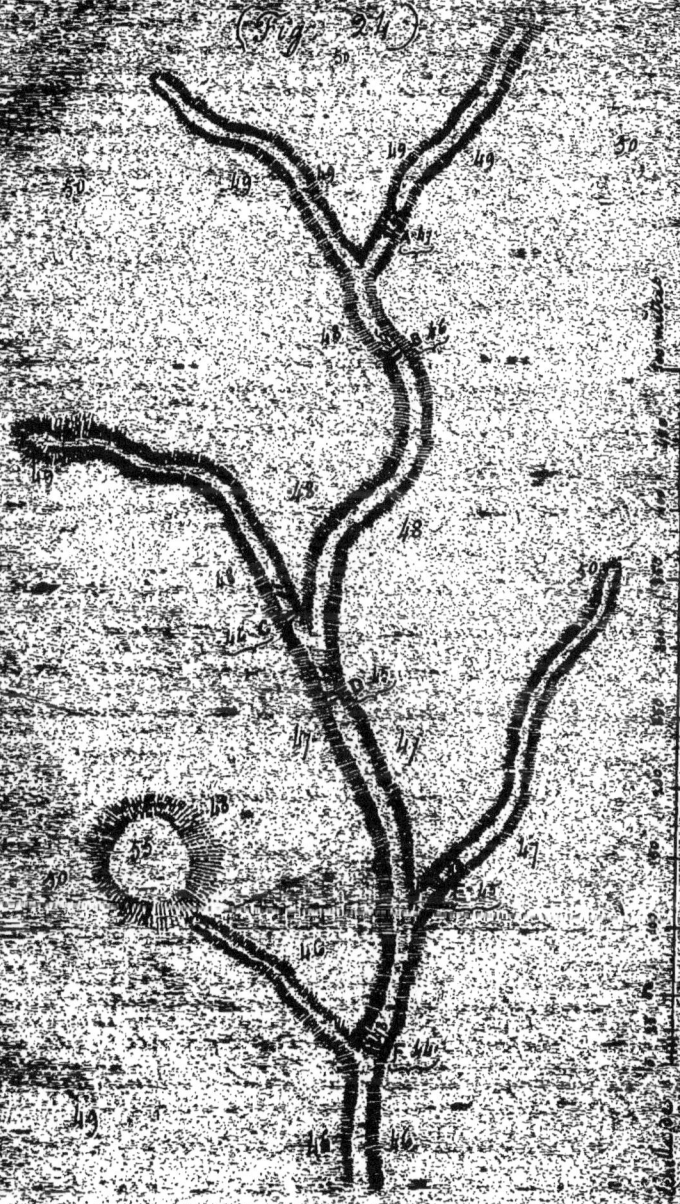

(Fig. 24.)

Fig. 26. Coupe transversale faite au milieu du barrage.

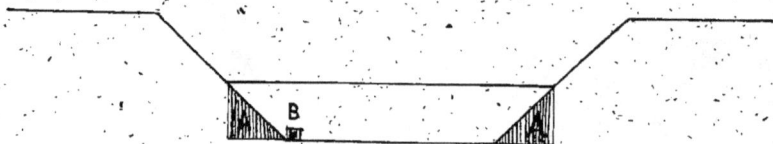

Les parties A A de chaque côté du barrage représentent les portions de terre enlevées de chaque côté en amont & employées pour le former.

Dans le bas de chaque barrage un tuyau en grès de petite dimension & garni d'un grillage en amont, sert à l'écoulement d'une faible quantité d'eau à la fois. Ce tuyau est représenté au point B.

Chaque barrage serait élevé moyennant un apport de terre de $\frac{1+5 \times 4}{2}$ ou 12 mètres cubes.

Il coûterait à raison de $0^m 75^c$ par mètre cube .... 9^f

un tuyau en terre de 5 mètres de

long à $0^t 75^c$ le mètre 3.75

un grillage en fonte évalué à 2.25

Total 15^f

Il retiendrait un volume d'eau de $\frac{250 \times 4}{2}$ ou 500 mètres

Les 20 barrages de chaque ravin coûteraient ensemble 300 francs & pourraient retenir 10,000 mètres cubes.

Nous avons vu précédemment qu'il suffirait que chaque ravin retînt 9300 mètres, donc les 20 barrages d'un ravin de 5 kilomètres suffiraient pour retenir le quart de toute l'eau qui tombe annuellement.

Pendant l'espace de temps que cette eau emploierait à s'écouler par l'orifice des barrages une partie filtrerait

dans le sol pour se joindre aux nappes d'eau souterraines, &
une autre partie serait enlevée par l'évaporation. La partie restante épurée des matières terrestres qui se seraient déposées dans
le lit du ravin, irait seule se réunir au cours d'eau récepteur,
alors que l'apport de ce volume, au lieu de présenter des dangers
de débordements viendrait au contraire suppléer à la diminution du débit des sources.

Ces ravins n'étant destinés qu'au passage des eaux, leur séjour
en amont des barrages peut se prolonger autant qu'on le juge
nécessaire, en tenant fermés les orifices de communication établis
au bas de chacun d'eux.

Il est aussi à remarquer que ces orifices étant fermés, lors
même qu'une plus grande abondance d'eau viendrait se réunir
dans un ravin de 5000 mètres de parcours, les 20 barrages
en retiendraient toujours 10.000 mètres ou plus du quart
du volume de la pluie annuelle, & que le surplus de ces
10.000 mètres pourrait passer en déversoir au-dessus de ces
barrages disposés aussi pour cet usage & pour résister à
une très forte pression.

En supposant que l'évaporation enlève journellement
0^m004^{mm} d'eau par mètre superficiel, & que les filtrations
en fassent perdre 0^m002^{mm}, chaque séjour de 24 heures des
9300 mètres cubes d'eau étendus sur les 15000 mètres superficiels
de ce ravin en diminuerait la quantité, de 90 mètres le 1er jour,
d'un peu moins le 2e jour, & ainsi de suite en décroissant au
fur et à mesure que les parties de chaque barrage voisines
d'un barrage précédent se trouveraient à sec & ne fourniraient
plus d'aliments à l'évaporation ni aux filtrations.

En tenant compte de cette décroissance journalière, on

peut admettre qu'en moyenne chaque séjour de 24 heures forme un vide de 60 mètres. Si l'on voulait que les 9300 mètres retenus par chaque ravin vinssent se réunir à la rivière dans un espace de 30 jours, l'évaporation et les filtrations en enlèveraient 1800 mètres & les 7500 mètres restants s'écouleraient à raison de 250 mètres cubes par jour, ce qui fait environ 3 litres par seconde.

2° Ravins servant conjointement dans toute leur étendue pour l'écoulement des eaux pluviales et pour voie de communication praticable pour les piétons seulement.

Dans ces ravins, on donnerait 12 à 15 mètres de base aux barrages; de manière à offrir une rampe facile à monter et à descendre en amont et en aval, comme l'indique la coupe longitudinale fig. 27. faite à l'échelle de 0.^m005 par mètre.

fig. 27

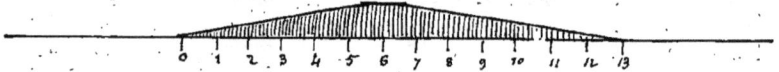

Chaque barrage ainsi construit serait formé par l'apport d'une quantité de terre prise en amont et représentée par :

$$\frac{1+13 \times 4}{2} \text{ ou } 28 \text{ mètres cubes.}$$

Il coûterait à 0.^f75.^c par mètre .... 21.^f

Un tuyau en terre qui aurait seulement 6 mètres

à 0.^f75.^c le mètre 4.50

Un grillage de 2.25

27.^f75

Il retiendrait aussi 500 mètres cubes.

Les 20 barrages coûteraient 555 francs et pourraient retenir aussi 10,000 mètres cubes dont on pourrait retarder la jonction avec la rivière pendant 3 ou 4 jours seulement afin de

ne pas entraver longtemps l'usage de ces ravins comme voie
de communication.

3°. Ravins servant pour l'écoulement des eaux pluviales
et pour voie de communication praticable aux voitures.

Des barrages ne pourraient être élevés dans les ravins
de cette catégorie; on les remplacerait en creusant latéralement à ces ravins, classés alors parmi les voies de commu-
nication, & des deux côtés, des fossés de 0.^m80.^c de largeur
sur 0.^m60.^c de profondeur, & 9 mètres de longueur; puis on
laisserait un espace d'un mètre, & on recommencerait un autre
fossé semblable au premier, de manière à empêcher la communication du fossé en amont avec celui en aval, autrement que
par une petite rigole creusée à la surface du mètre de terre
formant la séparation des deux fossés.

De cette manière les 5000 mètres de parcours de chaque
ravin auraient de chaque côté 500 tronçons de fossés de
9 mètres de longueur sur 0.^m80.^c de largeur à fleur de
terre, 0.^m40.^c au plafond & 0.^m60.^c de profondeur.

Chacun d'eux aurait une capacité de $\frac{0^m 80^c + 0^m 40^c}{2} \times$
$0^m 60 \times 9^m = 3$ mètres 240 litres.

Les 1000 fossés contiendraient ensemble 3240 mètres
cubes.

Nous avons vu que le volume d'eau amené dans ce
ravin route dans un espace de temps que nous avons
supposé de 3 jours est de 9300 mètres.

Le volume retenu par les 1000 tronçons de fossés
étant de 3240 mètres il en resterait encore 6060 mètres
qui seraient envoyés par ce ravin route grossir soit un autre
ravin, soit la rivière, s'il y aboutissait, en supposant encore

que le lit du ravin & les parois des fossés fussent imperméables, & que l'évaporation n'ait enlevé aucune partie des eaux tombées. Mais cette supposition est inadmissible, et on peut, en restant au-dessous de la réalité, admettre que les 15000 mètres superficiels formant le lit du ravin ou mieux le chemin de communication, & les 14,400 mètres superficiels que présente le développement des côtés & du fond des fossés, en absorberont pendant un espace de trois jours un volume qui ne sera pas inférieur à 2000 mètres, ce qui réduirait à 4060 mètres la quantité fournie par ce ravin route.

Les frais de terrassement des 1000 fossés formant ensemble un cubage de 3240 mètres, seraient à 0f.75c. le mètre de 2330 francs.

Mais il est à remarquer que cette dépense serait amplement compensée par la non dégradation de ces chemins lors de l'écoulement d'une grande quantité d'eau qui serait rejetée dans les fossés latéraux.

Il arrive assez fréquemment que le parcours du lit d'un ravin ou d'un torrent n'est employé que partiellement comme voie de communication.

Dans les parties où il se trouve profondément encaissé, il ne sert qu'à l'écoulement des eaux; dans d'autres parties, par suite de l'inclinaison des terrains adjacents, il se trouve presque à la surface de ces terrains, & est employé comme voie de communication transversale entre les deux rives, & comme voie de communication longitudinale dans toute la partie où il est presque de niveau avec les terres voisines.

Dans ces ravins un barrage de plusieurs mètres

d'élévation & servant de pont entre les deux rives pourrait être
construit dans les endroits où le lit est profondément encaissé. A la
suite de ce barrage succèderait longitudinalement un chemin
avec fossés latéraux, ou simplement une petite rigole dans toute
la partie servant de voie de communication, ainsi que le représente la vue perspective longitudinale fig: 25.

Fig: 25

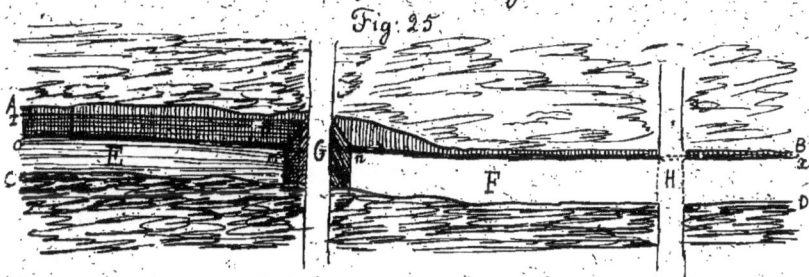

Soit A B, une des rives du ravin faisant face à l'observateur;

   C D, l'autre rive dont l'observateur ne voit que la crête;

    E, la partie du ravin en amont du barrage;

    F, la partie du ravin servant de voie de communication;

    G, un barrage élevé dans la partie du ravin encaissé et
       servant de voie de communication entre les deux rives;

    H, communication transversale presque à niveau.

Dans la partie à gauche, la hauteur des terres au-dessus du
lit du ravin, du point A au point O est de 8 mètres. A l'extrémité
à droite vers B, cette hauteur est à peine d'un mètre.

Dans la première partie, un barrage G à fleur des terrains
riverains est élevé transversalement & sert de voie de communication entre les deux rives. Un conduit MN, en terre cuite
donne passage aux eaux de pluie qui peuvent être retenues
par le barrage à une hauteur de 6 mètres, & ne s'écouler que par
ce conduit dans une petite rigole creusée de N en X.

(10)

Plus bas en H une communication est encore établie entre
les deux rives du ravin. Elle est presque de niveau avec les
terres, et peut avoir lieu au moyen de l'apport d'un demi mètre
de terre transversalement au lit du ravin, avec un tuyau établi
au-dessous pour donner passage aux eaux amenées par la
rigole; ou bien encore, au moyen d'une levée de terre faite
à partir de 6 mètres avant d'arriver au ravin dont on
atteindrai le lit par une rampe de 0ᵐ08 par mètre.

En supposant que la partie du ravin encaissée en
amont du barrage est 1250 mètres de longueur; que la largeur
du lit du ravin au plafond soit de 3 mètres, & celle de la surface
du plan d'eau, à la hauteur 10, où peuvent atteindre les eaux,
soit de 9 mètres, la largeur moyenne sera de $\frac{3+9}{2}$ ou 6 mètres.
La hauteur 10 était au pied du barrage de 5 mètres, va en diminuant
ou de 0ᵐ004 millimètres par mètre, et se termine à 0ᵐ à
1250 mètres de distance du barrage.

Le volume susceptible d'être retenu par ce seul barrage sera de 1250ᵐ × 2ᵐ50 × 1ᵐ50 ou 14,000 mètres, quelle
presque double de celle dont il serait besoin, si le ravin n'avait
que 5000 mètres de parcours, & suffisante pour contenir
l'apport des eaux d'un torrent & des ravins que gabordés
sont dont le parcours développé serait de 9 kilomètres.

Toutes les eaux retenues par ces barrages à des altitudes
assez élevées, seraient susceptibles de venir en aide aux besoins
de l'agriculture & être très utiles aux habitations situées
en aval des barrages.

Il est aussi à supposer que les dépôts laissés par
l'épurement des eaux pendant leur séjour en amont des
barrages, dépôts qui forment un engrais recherché par les

cultivateurs, ne seraient pas sans utilité pour l'agriculture ; qu'au contraire ils seraient enlevés avec soin par les propriétaires ou fermiers des terrains riverains.

Si nous évaluons maintenant d'une manière approxima- tive la dépense qu'occasionnerait l'amélioration du régime du régime de tous les cours d'eau du département de la haute- Loire par les barrages élevés dans les 2000 ravins que nous avons supposé y exister, nous trouvons, en supposant que les deux tiers ou 1322 ne servent qu'à l'écoulement des eaux & puissent être barrés au prix de 300.^{t} chacun . : 399.600^t

que 600 autres le soient au prix de 555^t 333.000

& qu'enfin les 68 restants nécessitant chacun une dépense de 2330 francs . . . . : 158.440

Total . . . . . 891,040^t

Le département de la Haute-Loire que nous avons pris pour exemple, est un de ceux qui donnent naissance à un plus grand nombre de cours d'eau, &, par conséquent, un de ceux où l'amélio- ration du régime des torrents coûterait le plus. Cette dépense serait infiniment moindre dans les départements où le sol est moins accidenté.

Pour terminer nos citations, prenons pour dernier exemple la Saône, qui dans un trajet de 435 kilomètres à travers cinq départements, y reçoit le produit d'environ 450 cours d'eau. Quelques uns de ces cours d'eau n'ont il est vrai que 10 à 50 kilomètres de parcours, mais quelques autres sont beaucoup plus étendus, tel est le Doubs qui a 400 kilomètres de parcours, l'Ognon, 150 kilomètres &c.

Le développement de ces 450 cours d'eau peut être évalué, en restant au-dessous de la réalité, à 10,000 kilom:

En supposant que ces 10,000 kilomètres de parcours de tous les affluents de la Saône, recevront sur chaque rive, comme nous l'avons fait plus haut, un ravin tous les 4 kilomètres, nous arriverons ainsi au nombre de 5000 ravins, chacun d'une longueur moyenne de 5 kilomètres, qui viendront dans les temps pluvieux grossir subitement les affluents de la Saône.

Aussi ne faut-il pas s'étonner de l'irrégularité du régime de cette rivière, dont la figure 26 indique la hauteur mensuelle pour chacun des 12 mois de l'année.

Fig: 26.

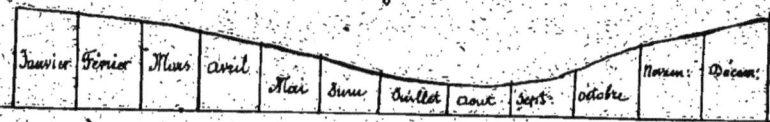

Janvier	Février	Mars	avril	Mai	Juin	Juillet	aout	Sept:	octobre	Novem:	Décem:

Lorsque la pluie est générale dans les 5 départements traversés par la Saône & dans quelques autres où prennent naissance les affluents de cette rivière, les eaux amenées par les 5000 ravins se joignent à celles des 450 cours d'eau & toutes ensemble, elles viennent s'écouler dans le lit de la Saône.

Si la pluie n'est pas intense ou qu'elle soit intermittente, comme il arrive le plus souvent, le lit de la Saône suffit à contenir toutes ces eaux; mais si cette pluie est incessante pendant plusieurs jours, ou à la suite de fonte de neiges, les eaux qui affluent continuellement par les torrents grossissent les cours d'eau tributaires de la Saône, à tel point que le lit de cette rivière ne les pouvant contenir, elles s'élèvent au dessus des berges & couvrent tous les terrains environnants.

À son passage à Lyon, un peu avant sa réunion au Rhône, le débit de la Saône qui est dans les eaux moyennes de 250 mètres cubes par seconde, peut devenir 16 fois plus considérable & s'élever, comme il est arrivé plusieurs fois à 4000 mètres, ce qui fait l'énorme volume de 34,560,000^m cubes par 24 heures.

Ce surcroît n'est occasionné que par la pluie reçue verticalement dans le lit des 450 affluents & par les ravins tributaires de ces affluents ; car toute l'eau qui est tombée sur des terrains plats, meubles ou sablonneux, s'y est infiltrée & ne viendra alimenter les sources des affluents qu'après un certain laps de temps.

Toutes les eaux formant ce surcroît de débit, étant presque en entier le contingent fourni par les ravins, il deviens évident que si ces derniers, au lieu d'envoyer tout à coup cet énorme supplément, en répartissaient le volume en petites fractions, le lit de la Saône serait alors suffisant.

Nous avons vu que le volume susceptible d'être retenu en moyenne par chaque ravin, peut être de 10,000 mètres; les 5000 ravins pourraient donc tenir en réserve 50 millions de mètres cubes, quantité plus que suffisante pour éviter l'inondation.

Ces 50 millions de mètres cubes, ne rejoignant les affluents qu'à l'instant où la Saône serait dans son état normal, n'augmenteraient, pendant l'espace de 20 jours, le débit de cette rivière que de 25 mètres cubes par seconde.

Nous avons vu plus haut que les 2000 ravins supposés du département de la haute-Loire auraient coûté 891,040 pour être améliorés; ce qui fait environ 440 francs en moyenne pour la dépense de chaque ravin. Celle du barrage des 5000 ravins de bouchant dans la Saône et ses affluents serait donc de 2,200,000 fr.

Au moyen de cette dépense répartie entre les 8 ou 10 départements arrosés par la Saône & ses affluents, les désastreuses inondations causées par le débordement de cette rivière seraient prévenues; le régime de la Saône et de ses affluents navigables serait aussi bien plus favorable pour la navigation; & les usiniers établis sur les cours d'eau non navigables tributaires de la Saône, n'auraient plus à craindre les chômages provenant d'une trop grande affluence d'eau, ni ceux provenant d'une cause opposée.

La multitude de torrents descendant des Alpes & qui versent les eaux pluviales qu'ils reçoivent des versants de ces monts, dans les cours d'eau tributaires de la Durance, sont la cause de la grande variété du débit de cette rivière.

Il en est de même de beaucoup d'autres rivières dont le débit serait bien plus régulier, si les eaux pluviales que les ravins y versent, étaient aménagées, comme il est indiqué plus haut.

Il est évident qu'une partie de la quantité d'eau de pluie qui aurait filtré dans le sol pendant sa retenue en amont des barrages, viendraient augmenter les nappes d'eaux souterraines qui donnent naissance aux rivières, & que par là, le débit de ces dernières serait augmenté; & qu'à cette augmentation viendrait encore se joindre en temps utile la portion restante retenue par les barrages.

L'amélioration du régime des eaux torrentielles contribuerait donc, d'une part, à éviter une partie des temps de chômages éprouvés par la navigation, à cause de l'insuffisance d'eau, & d'autre part, à rendre presque impossibles les inondations.

Chapitre 3.ème

Système d'Écluse accélérant la Navigation.

Le Système d'Écluse dont nous allons donner la description est susceptible de recevoir trois dispositions différentes selon qu'il doit s'appliquer à l'une des trois circonstances que doit présenter nécessairement le volume d'eau qui alimente un canal, ou que débite une rivière canalisée, savoir:

1°. Lorsque le volume d'eau est suffisant pour les besoins de la navigation;

2°. Lorsqu'il est supérieur à ces besoins;

3°. Lorsqu'il n'est pas suffisant pour entretenir une navigation permanente.

Quatre choses sont à considérer pour connaître quelle est celle de ces trois dispositions d'Écluses il faut employer:

1°. Le débit journalier du cours d'eau canalisé, ou le volume de la source d'alimentation du canal

2°. Les pertes que doit subir ce volume dans le parcours des biefs qu'il doit alimenter (Nous avons indiqué page 31, en quoi consistent ces pertes.

3°. Le volume d'eau d'une éclusée.

4°. La quantité d'éclusées présumée qu'exigeront les besoins de la navigation.

Ces quatre choses connues, il faut soustraire du débit journalier, les pertes à subir dans le parcours des biefs, puis diviser la différence de ces deux quantités par le volume d'une éclusée.

Le quotient obtenu sera nécessairement dans l'un des

trois cas suivants : 1° il sera égal à la quantité d'éclusées nécessaires pour entretenir une navigation permanente;

2° Il sera supérieur aux besoins de la navigation;

3° ou enfin il sera inférieur à ces besoins.

Selon l'un ou l'autre de ces trois cas, on emploiera la première, la deuxième ou la troisième disposition d'écluse.

Description de la première disposition d'écluse.

Pour les cours d'eau dont le débit suffit, même à l'instant des plus basses eaux, pour entretenir la navigation, l'accélération du passage des écluses est la seule amélioration qu'on puisse désirer.

Nous avons vu page 28 et 29 que parmi les différentes opérations nécessitées pour le passage d'un navire d'amont en aval, ou d'aval en amont d'une écluse, celles qui demandent le plus de temps, sont le rachat de la chute & l'entrée des navires dans l'écluse.

Par la disposition de notre système d'écluse figures 27, 28, 29, 30, 31 et 32, les opérations du rachat des chutes et de l'entrée des navires étant susceptibles d'être faites plus rapidement, contribueront ainsi à l'accélération de la navigation.

Dans cette disposition d'écluse, la place du barrage est changée.

Dans l'écluse de canal (fig. 6) le terre-plein $z \; x \; t \; y$, la porte d'amont M, ainsi que la longueur du sas, forment la séparation du bief d'amont d'avec le bief d'aval.

Dans l'écluse de rivière (fig. 7) la séparation des

Plan horizontal de l'écluse de la 1ère disposition

(Figure 27.°)

Échelle de 0^m 001 millimètre par mètre

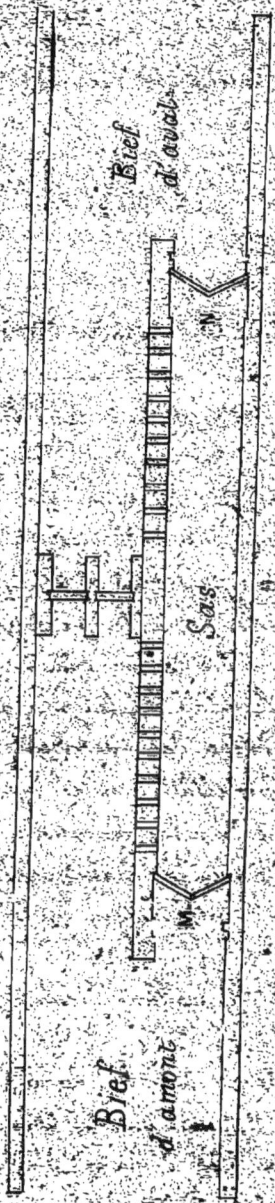

Bief
d'amont

Sas

Bief
d'aval

L'un et l'autre bief s'avancent donc sur cette dernière partie de la rivière ou du canal, jusqu'au milieu du bajoyer gauche.

Une écluse étant ordinairement 8 à 10 fois plus longue qu'elle n'est large, l'espace occupé par chaque bief latéralement à l'écluse, est donc 4 à 5 fois plus long que celui occupé par chacune des deux portes de l'écluse.

C'est dans chacun de ces espaces que nous plaçons les orifices de rachat, &, comme chacun de ces deux espaces a 4 à 5 fois plus d'étendue que celle de la largeur de chaque porte, on peut par conséquent les faire 4 à 5 fois plus nombreux.

Les conduits de rachat traversent ainsi l'épaisseur du bajoyer, c'est pour ce motif qu'ils pourront et devront même être tenus plus grands que les orifices qu'on fait ordinairement dans les ventaux des portes, afin qu'un homme puisse, au besoin, s'y introduire facilement pour y faire des réparations.

Néanmoins l'orifice de ces conduits sur la face du bajoyer donnant sur la rivière, pourra avoir une moindre superficie, afin que les vannes qui ferment ces orifices, ne soient pas trop grandes, & qu'elles puissent être levées avec plus de facilité, & aussi, afin que la poussée de l'eau dans ces conduits ait une moindre force et agite moins celle de l'intérieur du sas.

Les orifices percés dans la partie du bajoyer donnant sur le bief d'amont, servent à racheter la chute existante entre le bief d'amont et le sas, en remplacement des ventelles de la porte d'amont ; & ceux percés dans l'autre

partie du bajoyer donnant sur le bief d'aval, servent à
racheter la chute du sas dans le bief d'aval, en remplacement des ventelles de la porte d'aval.

Élévation verticale et perspective de la face du bajoyer
à l'extérieur du sas. figure 28.

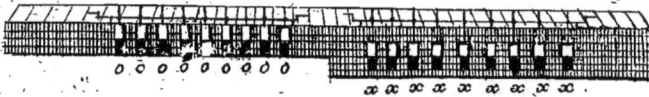

o o o o o o o o o o
x x x x x x x x x.

Élévation verticale et perspective de la face du bajoyer
à l'intérieur du sas, fig: 29.

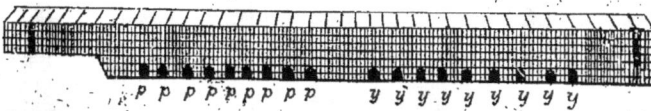

p p p p p p p p p   y y y y y y y y y

Les ouvertures des orifices de rachat de la chute du
bief d'amont dans le sas, prennent naissance sur la
face du bajoyer à l'extérieur du sas, aux points o, o, o, o, fig. 28.
Ces orifices vont déboucher dans le sas, à fleur du radier,
sur l'autre face du même bajoyer, aux points p, p, p, p, p,
figure 29, par des conduits en forme d'équerre, figures
30 et 30 bis.

Orifices de rachat, fig: 30 et 30 bis

Fig. 30
Orifice de rachat
du bief d'amont
dans le sas.

Fig. 30 bis.
Orifice de rachat
du sas dans le
bief d'aval.

Les ouvertures des orifices de
rachat de la chute du sas dans le
bief d'aval, prennent naissance
sur la face du bajoyer à l'intérieur
du sas, aux points y, y, y, y: fig: 29,
à fleur du radier; ils vont déboucher

déboucher sur l'autre face du même
bajoyer dans la partie latérale au
bief d'aval, aux points x x x x
fig. 28.

Chacun de ces conduits est
fermé par une vanne indiquée
au point H, fig. 30 et 30 bis.

Ces vannes sont vues au dessus des orifices de rachat, fig. 28.

Sur les plans perspectifs, fig.
31 et 32, ci-contre on ne voit que
les épées de ces vannes.

Vue perspective longitudinale de
l'Écluse de la 1ère disposition, fig. 32.

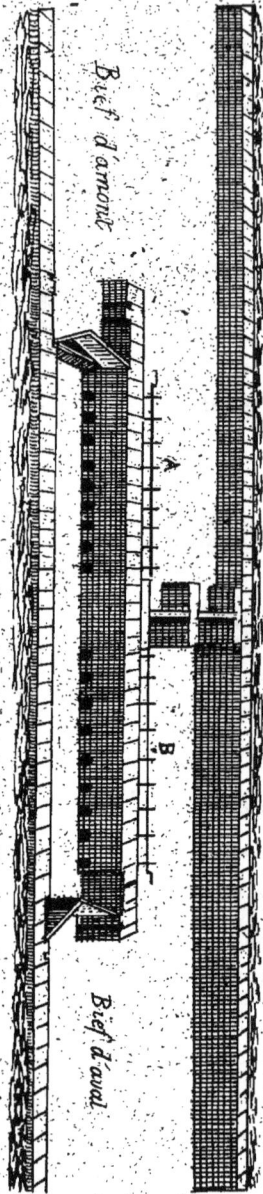

Vue perspective horizontale de l'Écluse de la 1ère disposition lorsque les biefs d'amont et d'aval ainsi que le sas sont à sec (fig. 31).

Bief d'amont

Bief d'aval

B

Avantages que présente cette disposition d'Ecluse.

Si l'on veut bien se reporter aux diverses opérations
du passage d'un navire d'un bief dans un autre, opérations décrites pages 28, 29 et 30, on verra que par cette
disposition d'écluse, on obtiendra les avantages suivants:

1°. L'entrée du navire dans l'écluse, soit en avalant,
soit en avalant, offrira moins de résistance, et aura lieu,
par conséquens dans un temps plus court.

En effet, lors de l'entrée dans l'écluse d'un navire
montant, les vannes de rachat de la partie inférieure du
bajoyer donnant sur le bief d'aval, étant tenues levées
jusqu'à l'instant de la fermeture de la porte d'aval, le
volume d'eau déplacé et refoulé en avant par la marche
du navire, trouvant des issues pour s'échapper par les
orifices de rachat, se rendra dans le bief d'aval, sans
opposer de résistance à la marche du navire.

Le même résultat sera obtenu lors de l'entrée
dans l'écluse d'un navire avalant, à cause de la même
facilité qu'offriront les orifices de rachat de la partie supérieure du bajoyer, pour le renvoi dans le bief d'amont
du volume d'eau déplacé et refoulé par le navire.

2°. La pression exercée par l'eau déplacée, entre
les bajoyers & le navire étant moins considérable, occasi-
onnera par conséquens, moins de détériorations aux
navires & aux bajoyers.

3°. Les deux chutes seront rachetées dans un espace
de temps d'autant plus court, comparé à celui qu'on emploie
actuellement, que les orifices de rachat pratiqués dans les

bajoyers seront plus nombreux & offriront plus de superficie que ceux pratiqués actuellement dans les ventelles des portes.

Or ces orifices pouvant être 4 à 5 fois plus nombreux dans cette disposition de rachat fait latéralement qu'ils ne peuvent l'être par les ventelles des portes, le rachat sera effectué 4 à 5 fois plus promptement, et même davantage puisque chacun des orifices latéraux offrira plus de superficie que ceux pratiqués dans les ventelles.

4°. Les vannes qui ferment ces orifices latéraux étant sur une ligne droite, seront susceptibles d'être levées simultanément ou même toutes ensemble, et contribueront ainsi à une plus prompte opération.

On pourrait aussi utiliser la différence de niveau du bief d'amont et du sas, et celle du sas et du bief d'aval, en disposant deux turbines; l'une dans un des orifices de la première partie du bajoyer; l'autre dans un des orifices de la dernière partie. La première turbine qui serait mise en mouvement par le passage de l'eau du bief d'amont dans le sas, servirait à lever les autres vannes d'entrée. La seconde turbine qui serait mise en mouvement par la sortie de l'eau du sas dans le bief d'aval, servirait à lever les autres vannes de sortie. Il suffirait à l'éclusier, de lever la seule vanne motrice de chaque turbine.

5°. L'impétuosité de l'eau étant amortie par son mode d'arrivée dans le sas, à fleur du radier, au moyen des conduits en équerre, & sous la colonne d'eau retenue normalement dans l'écluse, occasionnerait, par conséquent, moins de détériorations aux ouvrages de l'écluse en produirait très-peu d'agitation dans le sas.

On n'entendrait plus le bruit assourdissant produit par la chute de l'eau du bief d'amont, avant que le plan d'eau du sas ait atteint l'orifice des ventelles.

Les navires ne seraient pas frappés par le flanc, ni poussés à droite ou à gauche contre les bajoyers de l'écluse, mais au contraire, soulevés de bas en haut, sans aucune secousse.

Toutes les opérations du passage d'un navire d'amont en aval & réciproquement, contribueraient donc par cette disposition d'écluse, à en abréger la durée, & nous ne croyons pas exagérer en disant que les trois quarts du temps actuellement employé, seraient économisés.

Outre ces avantages principaux, cette disposition d'écluse serait encore très-utile pour les cours d'eau canalisés sujets à des crues périodiques, & dont le régime n'aurait pas encore été amélioré, au moyen de retenues d'eau faites dans les ravins et les torrents tributaires de ces cours d'eau.

D'abord parce que les orifices de rachat latéraux étant plus nombreux que ceux pratiqués dans les ventaux des portes, pourraient venir en aide, dans certains instants, pour maintenir à un niveau plus permanent, le plan d'eau de la rivière. Il suffirait de tenir ouvertes quelques vannes donnant sur le bief d'amont, sans être obligé de toucher aux aiguilles du barrage.

Ensuite parce que le barrage étant éloigné de la porte d'aval, la chute d'une grande quantité d'eau par les déversoirs, se faisant loin de cette porte, ne gênerait pas les navires montants.

Description de la deuxième disposition d'Ecluse.

La deuxième disposition d'Ecluse ne diffère de celle de la première disposition, que par l'addition d'un ou plusieurs conduits dérivateurs établis latéralement à l'écluse (figure 33.)

Ces conduits dérivateurs sont destinés pour l'écoulement du superflu du débit du cours d'eau canalisé.

Ils prennent naissance en un point quelconque du bief d'amont de l'écluse, par des déversoirs établis à la hauteur du plan d'eau adopté, et ils vont déboucher dans le bief d'aval, soit immédiatement après l'écluse, soit en un point plus éloigné.

Ils produisent, par conséquent, à chaque barrage, des chutes de même hauteur que celle du bief d'amont dans le sas; c'est-à-dire égale à la différence du plan d'eau des deux biefs.

Cette dérivation d'une partie des eaux d'une rivière canalisée, commençant en amont de chaque barrage et se terminant en aval, est même commandée par la nature des choses.

En effet l'Ecluse et les piles du barrage rétrécissant la largeur de la rivière; il est évident que dans les instants de crues, cet endroit forme un défilé qui retarde l'écoulement de l'eau et la force à refluer en amont. Cet inconvénient n'a pas lieu avec des conduits dérivateurs puisque leur fonction consiste à rendre à la rivière canalisée, la largeur dont elle se trouve privée par l'emplacement de l'Ecluse et des piles du barrage.

La réunion à la rivière canalisée, après chaque

La réunion avec la rivière,
après chaque barrage, de tous
les conduits dérivateurs, n'est pas
indispensable ; elle peut n'avoir
lieu qu'après 2, 3, 4 ou 5 écluses. Une partie de ces conduits
peuvent même ne jamais se
réunir à cette rivière ; il suffit
qu'il y en ait quelques uns
pour renouveler l'eau des
biefs.

Ces conduits peuvent être
établis sur les deux rives
ou sur une seule rive, selon
la disposition des terrains.
Ils peuvent aussi s'éloigner
de plusieurs kilomètres, ser-
penter en tous sens, suivant
les ondulations du sol, et,
dans leur parcours, servir
à divers usages dont les
principaux seront indiqués
ci-après.

Plan horizontal d'une écluse de la 2ème Disposition, avec 3 conduits dérivateurs latéraux, dont 2 sur la rive gauche, et 1 sur la rive droite (Figure 33.)

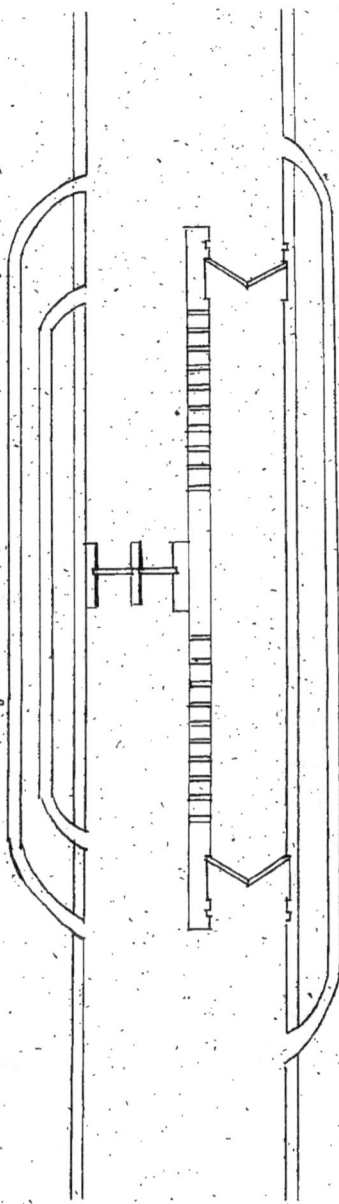

Usages divers des conduits dérivateurs.

Utilisation comme force motrice de tout le volume d'eau superflu aux besoins de la navigation, qui s'écoule par les Conduits dérivateurs.

Un des principaux usages des conduits dérivateurs serait l'utilisation, comme force motrice, de tout le volume d'eau des rivières navigables canalisées qui ne servirait pas au rachat des chutes des écluses.

Ce volume qui, dans le système des barrages actuels coule inutilement en déversoir & avec un bruit assourdissant dans le bief d'aval, représente parfois les 90 centièmes du débit total des rivières canalisées.

En voyant tout le parti industriel qu'on tire des chutes produites par le barrage de tous les cours d'eau non canalisés, on est amené à se demander quels sont les motifs assez puissants qui peuvent faire abandonner l'emploi de la force motrice produite par la chute de l'immense volume tombant en déversoir par dessus des barrages des rivières canalisées ?

Il est évident que cet emploi offrirait des inconvénients, s'il avait lieu sur le cours même de la rivière à l'endroit du barrage.

En effet, il faudrait couvrir la rivière de constructions dont l'édification serait coûteuse & dont les fondations diminuant la largeur du courant, le rendraient insuffisante dans les instants de fortes crues. De plus ces bâtiments obstrueraient les rives et seraient un obstacle à la navigation.

Mais ces inconvénients n'existeraient pas si l'emploi, comme force motrice, du superflu de débit, avait lieu sur les conduits dérivateurs.

Cependant on comprendrait encore le motif qui pourrait faire négliger l'utilisation de ces moteurs, si leur emploi, comme force motrice, n'était pas plus économique que ceux fournis par la vapeur; mais il n'en est pas ainsi, et le prix auquel on peut s'approprier les moteurs fournis par le superflu de débit des rivières canalisées est infiniment moindre que le prix des moteurs obtenus par la vapeur.

En effet les moteurs hydrauliques se reproduisent sans aucun frais & sans l'emploi des forces humaines, tandis que les moteurs obtenus par la vapeur, ne le sont qu'après l'anéantissement d'un combustible minéral dont nous possédons, il est vrai, d'abondants gisements, mais qui cependant ne sont pas inépuisables. De plus nous n'avons la jouissance de ce combustible qu'après un travail préalable & des frais de transport plus ou moins élevés, selon l'éloignement du lieu d'extraction à celui de consommation.

Le motif d'économie ne peut donc être invoqué pour nous excuser de négliger l'emploi, pour les industries qui ont seulement besoin de moteurs fixes, des forces gratuites & inépuisables que nous fournit la nature.

Nous sommes d'autant moins excusable que nous remplaçons ces forces gratuites & inépuisables par l'anéantissement d'un combustible qui nous coûte beaucoup plus cher, que nous ne pourrons reproduire & que nous devrions, par conséquent, réserver pour les usages que ne pourrait remplacer la force hydraulique; ou bien pour suppléer à l'insuffisance de la force hydraulique disponible à l'endroit où son emploi aurait lieu. Cette circonstance se présenterait si une usine ayant besoin de 100 chevaux de vapeur était établie sur un conduit dérivateur dont la chute fournirait une force inférieure à ce nombre. Le complément serait alors demandé à la vapeur qui agirait simultanément avec la force hydraulique, en procurant une diminution de frais importante que nous pourrons évaluer ci-après lorsque nous aurons établi le prix de revient respectif de chacune des deux productions de forces.

La multitude de moteurs hydrauliques ainsi abandonnés & que nous pourrons nous approprier par quelques travaux peu coûteux relativement aux services qu'ils nous rendraient, pourraient surpasser en France, l'avantage que l'Angleterre trouve en ce moment dans ses immenses mines de houille situées à proximité de ses manufactures, & nous mettre pour les produits qui ne demandent pas l'emploi de la vapeur, dans une position plus favorable pour soutenir avec succès la concurrence qu'elle fait à nos produits industriels.

Quelle serait notre ineptie, si négligeant d'utiliser les raisins que la température de la France lui permet de produire, nous en négligions la culture pour nous adonner à la fabrication de la bière.

Cependant nous ne sommes pas plus raisonnables de négliger l'emploi des forces motrices hydrauliques que la configuration de notre pays nous offre en abondance, & de les remplacer par l'emploi de la houille.

À l'appui de ce qui précède, nous allons ci-dessous évaluer approximativement le prix de revient des travaux d'appropriation d'un moteur hydraulique obtenu par la dérivation du superflu de débit d'une rivière canalisée; puis nous comparerons ce prix avec celui que coûte un moteur de même force obtenu par la vapeur.

Evaluation de la force hydraulique fournie par un conduit dérivateur débitant un mètre cube par seconde.

En supposant que la différence du plan d'eau de deux biefs séparés par un barrage, soit de trois mètres, & que le superflu fourni par le cours d'eau et rejoignant le bief d'aval par un conduit dérivateur soit d'un mètre cube par seconde ou 1000 litres, un seul conduit dérivateur de 3 mètres de largeur & de 200 mètres de parcours, suffira pour l'écoulement.

Il produira une chute de 3 mètres et équivaudra à une force de $\dfrac{1 \times 3}{0,075}$ ou 40 chevaux de vapeur.

En effet, l'unité qu'on est convenu de nommer un cheval vapeur est une force susceptible de soulever, dans l'intervalle d'une seconde, un poids de :

75 kilogrammes à une hauteur d'un mètre;

37 kilog: 500 grammes à une hauteur de 2 mètres;

et 25 kilogrammes à une hauteur de 3 mètres.

Le poids d'un litre d'eau est d'un kilogramme & celui d'un mètre cube ou 1000 litres, de 1000 kilogrammes.

1000 litres tombant d'une hauteur de trois mètres

toutes les secondes pourront soulever pendant le même espace de temps un poids de 1000 kilogrammes à une hauteur de 3 mètres.

Ces 1000 litres équivaudront donc à autant de chevaux de vapeur que le nombre de 25 kilogrammes sera contenu de fois dans 1000 kilogrammes, ou

$$\frac{1000}{25} = 40$$

Mais en supposant que le quart de cette force soit perdu par les fuites des vannes, ou par quelque autre cause, la force motrice fournie par ce seul conduit dérivateur resterait encore de 30 chevaux.

Prix de revient des travaux d'appropriation de ce moteur hydraulique de 30 chevaux.

Pour l'appropriation de ce moteur, il faut:

1° Creuser un conduit dérivateur commençant au point A dans le bief d'amont (figure 34) et se terminant dans le bief d'aval au point B;

2° Établir une roue hydraulique ou une turbine sur ce conduit dérivateur & un bâtiment D pour les abriter, en un point quelconque de ce conduit dérivateur;

3° Acquérir le terrain occupé par le conduit dérivateur.

En admettant que la dépense du conduit dérivateur, soit:

1° pour l'achat du terrain occupé par le conduit dérivateur qui aurait 3 mètres de largeur

Vue perspective horizontale d'une écluse avec un conduit dérivateur latéral à l'écluse, fig. 34.

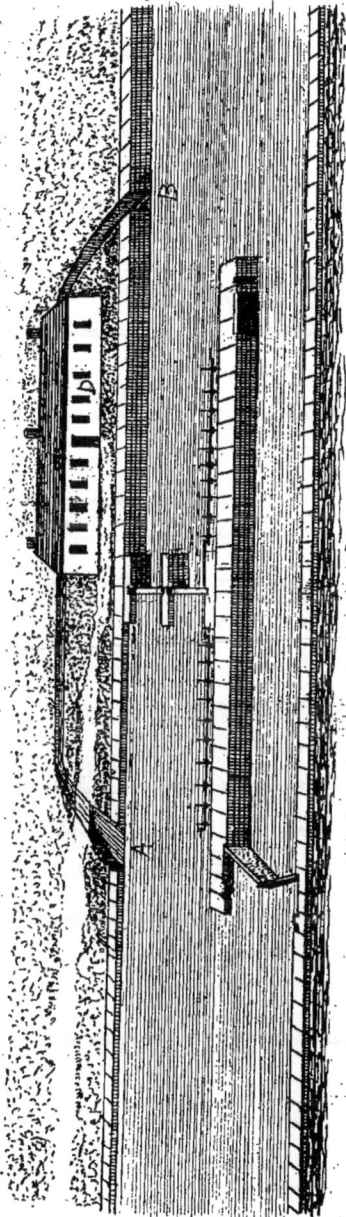

& 900 mètres de développement, ou 600 mètres superficiels, soit à 10,000 ^{f} l'hectare de ---- 600 ^{f}

2.° pour le terrassement de ce conduit supposé en moyenne de 5 mètres de profondeur, ce qui ferait un total de 3000 mètres cubes, à 1^f.50 le mètre cube ---- 4.500 ^{f}

3.° pour la construction d'une vanne hydraulique ou d'une turbine & d'un petit bâtiment pour les abriter de ---- 14.900

Total ---- 20,000 ^{f}

On trouve que l'appropriation d'une force de 30 chevaux serait acquise par une dépense première d'environ 20,000 francs; ce qui ferait en comptant 10 p. % par an pour l'intérêt et l'amortissement 2000 francs pour le prix annuel de cette force, ou 67 francs par chaque cheval.

Prix de revient d'un moteur de 30 chevaux obtenu par la vapeur.

La quantité de houille employée pour obtenir par la vaporisation de l'eau, la force d'un cheval vapeur, est au minimum de 2 kilogrammes 500 grammes à 3 kilogrammes. — Mais admettons ce qui est le plus avantageux, c'est-à-dire 2 kilog: 500 grammes. —
60 kilogrammes représenteront la consommation d'un cheval vapeur pendant 24 heures.

Une force équivalente aux 30 chevaux fournie par le conduit dérivateur débitant un mètre cube par seconde demanderait donc la consommation de 1800 kilogrammes de houille, dont la valeur comptée à 25 francs les 1000 kilogrammes serait de 45 francs par jour, & de 16,425 francs par année.

A cette somme déjà 8 fois plus élevée que le prix de revient d'une force égale obtenue par notre conduit dérivateur, il faut encore ajouter celle de l'achat des machines, de la construction des bâtiments pour les recevoir, les salaires du mécanicien et du chauffeur, les frais de réparation & d'entretien des machines, l'amortissement du capital dépensé pour la construction des bâtiments et l'achat des machines.

On peut donc admettre sans exagération que la somme annuelle dépensée pour obtenir par la vapeur une force de 30 chevaux fonctionnant pendant 24 heures, n'est pas inférieure à 30,000 francs.

ou 1000 francs par cheval, dont 550 francs pour le combustible et 450 francs pour les autres frais.

Cette somme est donc 15 fois plus élevée que celle dépensée pour les travaux d'appropriation destinés à obtenir une force hydraulique équivalente.

Autre comparaison entre le prix de revient de la force hydraulique pouvant être fournie à chaque écluse par le superflu d'un fleuve débitant 100 mètres cubes par seconde, et le prix de revient d'une force équivalente obtenue par la vapeur.

Prenons pour exemple la Seine qui à son passage dans les environs de Paris débite environ 100 mètres cubes par seconde à l'instant des basses eaux.

En supposant que ce fleuve peu après sa sortie de Paris soit barré et éclusé comme nous venons d'en donner la description, & que le bief d'amont soit élevé de 2 mètres au dessous de celui d'aval. En attribuant 2 mètres cubes d'eau par seconde pour la dépense du rachat des chutes, il resterait encore 98 mètres qui s'écouleraient par les conduits dérivateurs.

Ces 98 mètres produisant une chute de 2 mètres équivaudraient à une force hydraulique de :

$$\frac{98.000 \times 2}{75} = 2613 \text{ chevaux}.$$

En abandonnant 613 chevaux pour compenser les diverses causes de fuites, il resterait encore 2000 chevaux.

Nous avons vu que le prix de revient de chaque cheval est de 67 francs, mais admettons qu'en raison d'une plus grande étendue qu'auraient 6 ou 8 conduits dérivateurs pour donner passage aux 98 mètres cubes d'eau, le prix de

(13).

67 francs soit porté à 100 francs, les 2000 chevaux coûteraient donc 200,000 francs.

Par la vapeur, cette force de 2000 chevaux coûterait à 1000 francs par cheval, 2,000,000 francs, somme dix fois plus élevée que par l'emploi du superflu du fleuve.

Ces comparaisons ne suffisent-elles pas pour faire entrevoir l'immense économie qui résulterait pour l'industrie de l'appropriation des forces hydrauliques offertes par les fleuves et les rivières canalisés, pourvus de conduits dérivateurs.

Plusieurs causes viendraient contribuer à ce que ces chutes fussent recherchées avec empressement par les industries qui demandent l'emploi de puissantes forces motrices fixes. Ces forces seraient durables pendant toute l'année, puisqu'elles seraient basées sur le superflu du débit des rivières à l'instant des plus basses eaux. Pendant une grande partie de l'année, elles seraient susceptibles d'être doublées, ou maintenues à leur minimum, en laissant échapper le surplus par les vannes de décharge.

A ces deux causes on peut encore ajouter :

1.° La position favorable des établissements près des rivières navigables, par lesquelles elles recevraient, par la voie de transport la plus économique, les matières premières & expédieraient de même leurs produits fabriqués.

2.° L'infériorité du prix de revient des moteurs fournis par les chutes, sur ceux obtenus par la vapeur ou par d'autres moyens.

3.° L'infériorité du prix de la construction des bâtimens de l'usine qui, à cause de la moindre valeur du terrain & de l'étendue superficielle qu'on pourrait donner à

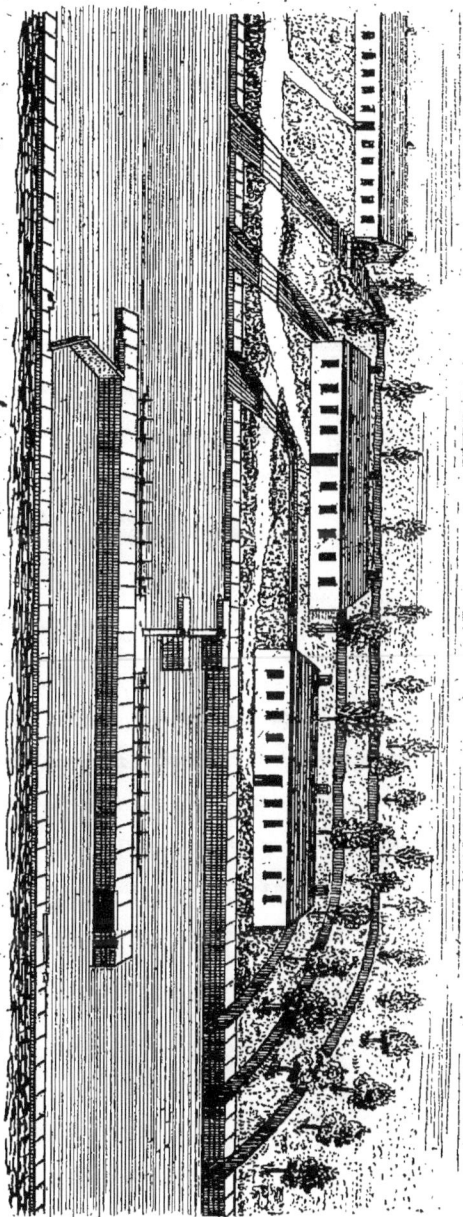

Vue perspective d'une écluse de rivière, avec trois conduits dérivateurs
dont la chute de 3 mètres est employée par trois usines, disposées sur les
rives de ces conduits, et élevées seulement d'un rez de chaussée.

chaque usine, n'auraient besoin que d'un rez-de-chaussée.

Cette construction de bâtiments à la fois plus spacieux et moins chers, serait également avantageuse aux ouvriers, en leur procurant une meilleure ventilation.

Conduits dérivateurs pouvant être établis latéralement aux Écluses actuelles de rivière.

Les avantages que nous avons indiqués résulter de la première disposition d'écluse & qui consistent à obtenir une accélération importante dans le passage des écluses, sont à peu près les seuls que procurerait le rachat latéral, au moyen de l'établissement du barrage au milieu du bajoyer.

En effet, dans les écluses actuelles de rivière où le barrage est placé à l'extrémité de l'écluse, et dans lesquelles le rachat se fait par les ventelles des portes d'amont & d'aval, (fig: 7, 7 bis, 7 ter et 7 quater) rien n'empêche d'y établir latéralement des conduits dérivateurs, au moyen desquels on pourrait également utiliser tout le volume d'eau qui ne serait pas employé au rachat des chutes.

La figure 36 représente le plan perspectif transversal d'une écluse actuelle de rivière, avec un conduit dérivateur

Ce que nous avons dit et ce qui nous reste à dire sur les divers avantages offerts par les conduits dérivateurs peut donc s'appliquer à l'un et à l'autre système d'écluse.

Toutes les rivières déjà canalisées et offrant un superflu de débit, peuvent donc dès à présent, & sans rien changer, soit à l'écluse, soit au barrage, ni sans

gêner en rien la navi-
gation; fournir aux
industries qui em-
ploient des moteurs
fixes, des moyens de
production relative-
ment moins chers
que ceux obtenus par
la vapeur.

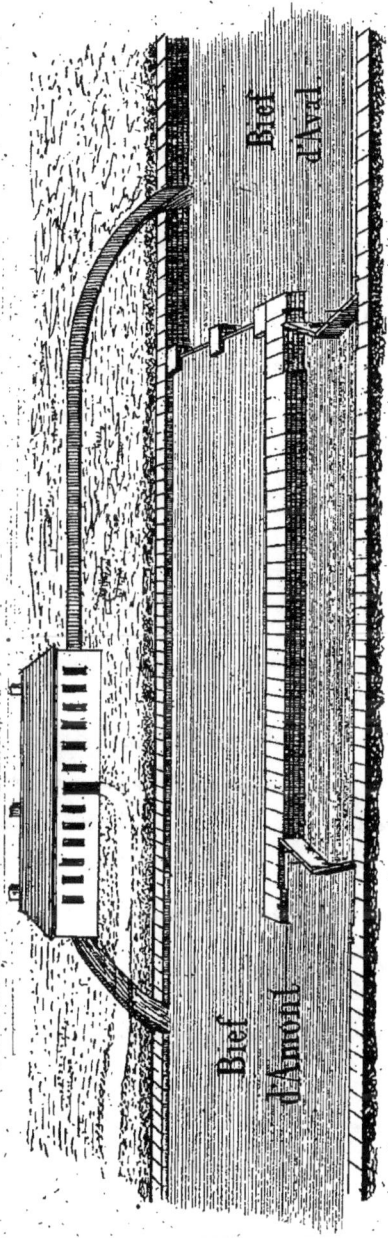

Plan perspectif d'une écluse actuelle de rivière, avec un conduit déversoir latéral. (fig. 96)

Bief d'Aval.

Bief d'Amont.

Abords des Ecluses en Amont et en Aval rendus plus
faciles par l'établissement des conduits dérivateurs.

~~~

Quelques sinistres malheureusement nous ont déjà
montré que les barrages établis sur les rivières d'un
certain débit, ne sont pas toujours exempts de dangers.

Dans les instants de fortes crues, alors que le volume
d'eau qui coule au dessus du déversoir est considérable, la
partie de la rivière rétrécie par l'emplacement de l'écluse,
a un courant plus rapide que dans les parties où la
rivière n'est pas rétrécie. Ce courant peut faire manquer
aux navires l'entrée de la porte d'amont, & les entraîner
vers le barrage.

Or les conduits dérivateurs absorbant dans les eaux
ordinaires tout le superflu du débit de la rivière canalisée, & dans les hautes eaux, une notable partie de ce débit,
auront pour résultats :

— dans le premier cas, de rendre nul le courant de la
rivière compris entre les conduits dérivateurs et le barrage;

— & dans le second cas, de diminuer considérablement
la rapidité de ce courant.

Les abords de l'écluse en amont seront donc moins
dangereux & plus faciles pour les navires avalants, et
seulement plus faciles pour les navires remontants puisqu'ils n'auront pas à lutter contre le volume d'eau
fourni par le déversoir du barrage, ou du moins ce
volume sera bien moins considérable.

Écluses et Barrages préservés, par les conduits dérivateurs,
De la violence du choc des glaçons.

Lors de la débâcle des glaçons, les conduits dérivateurs
ralentissant le courant en amont des écluses, comme
nous venons de le voir, il en résulterait que les glaçons
étant charriés, à cet endroit avec moins de rapidité, ne
seraient plus portés avec autant de violence contre les
piles des barrages & les diverses constructions des écluses
auxquelles ils causeraient beaucoup moins de
dégradations.

Dessèchement des Terrains submersibles
au moyen des conduits dérivateurs.

Les terrains submersibles sont ceux dont la surface est
plus basse que le niveau le plus élevé qu'on a coutume
d'attendre après de fortes pluies, les rivières qui traversent ces terrains.

Nous avons vu, chapitre 2ème que l'amélioration
du régime des eaux torrentielles, aurait pour résultat de
rendre plus régulier celui des rivières, & par conséquent
de diminuer le nombre des terrains actuellement submersibles.

Nous avons vu aussi que pour avoir toujours une
profondeur suffisante pour la navigation, on exhausse
artificiellement le plan d'eau des rivières canalisées, en
construisant des barrages de distance en distance.

Il en résulte donc que le plan d'eau des rivières canalisées
se trouve dans certains endroits, plus élevé que les terrains riverains.

Les berges de ces rivières sont alors exhaussées artificiellement, comme nous l'avons représenté fig: 22 et 23, afin d'empêcher les eaux surélevées de se déverser sur ces terrains.

Mais par cet exhaussement des berges, les eaux de pluie
qui tombent dans ces terrains plus bas que le niveau arti-
ficiel des rivières canalisées, & celles qui peuvent filtrer
à travers les berges exhaussées, ou provenir des eaux pluviales
tombées dans des terrains plus élevés & qui viennent sourdre
dans ces terrains plus bas, se trouvent privées d'écoulement
& convertissent ces terrains en marécages dont le dessèche-
ment serait rendu facile par l'établissement de conduits
dérivateurs.

En effet, les déversoirs qui alimentent les conduits
dérivateurs pouvant être établis beaucoup en amont de
l'écluse, rien n'empêcherait, aussitôt l'emploi de la force
motrice fournie par la chute de ces conduits, emploi qui
aurait lieu non loin de la dérivation, de donner à ces
conduits jusqu'à leur rentrée dans le bief d'aval, un
plan d'eau égal à celui de ce dernier bief.

Ces conduits formeraient ainsi des cours d'eau artificiels, coulant latéralement au bief d'amont jusqu'à leur
rentrée dans celui d'aval, mais avec un plan d'eau inférieur
à celui du bief d'amont. Cette différence des deux plans d'eau
serait égale à la hauteur de la chute de l'écluse.

Ces cours d'eau artificiels pourraient donc recevoir,
soit par des rigoles, soit par des drains, toutes les
eaux croupissantes qui, dans ces terrains privés d'écoulement
inondent les racines des plantes, nuisent à la fertilité, & répandent en outre sur les lieux environnants des émanations morbides.

Ainsi desséchés et assainis, ces terrains qui seraient susceptibles d'être irrigués, soit par submersion, soit par infiltration, au moyen de prises d'eau faites dans le bief d'amont dont le plan d'eau se trouverait plus élevé que la superficie du sol, réuniraient les plus puissants moyens de fertilité, augmenteraient la quantité et la qualité des produits agricoles & contribueraient, par conséquent, à en diminuer le prix.

Application des conduits dérivateurs pour le desséchement des marais latéraux aux rivières non canalisées.

Le système des conduits dérivateurs peut également, dans des circonstances analogues & avec les mêmes résultats, être appliqué à toutes les rivières non canalisées et réservées aux besoins de l'industrie.

En effet, ces cours d'eau, comme ceux canalisés pour la navigation, sont divisés en un nombre de biefs successifs, au moyen des barrages élevés en amont des usines.

Le plan d'eau est maintenu presque constamment au même niveau par les vannes motrices de l'usine et celles de décharge établies à côté, pour donner passage, aux instants de crues, à la quantité d'eau superflue, & empêcher que le plan d'eau excède le niveau adopté pour le régime de la rivière, & s'élève au dessus des berges.

Le plan d'eau de ces rivières se trouve donc aussi exhaussé artificiellement & ne permet pas non plus que les eaux pluviales reçues par les terrains moins élevés ou de même élévation que les berges, qui se trouvent dans le parcours de ces biefs, puissent se joindre à celles de la rivière.

(14)

Un nombre très-considérable de vallées se trouvent ainsi par cette élévation artificielle du plan d'eau des rivières, au nombre des terrains submersibles, & forment en beaucoup d'endroits des marécages impropres à la culture.

Or, au moyen d'un ou de plusieurs conduits dérivateurs qui pourraient n'être que de simples fossés de quelques mètres de largeur, établis latéralement à ces rivières, soit sur une seule rive, soit sur les deux rives, selon que les marécages s'étendraient d'un côté ou deux côtés, ces marécages seraient susceptibles d'être desséchés & rendus propres à la culture.

La figure 37 représente en raccourci le plan d'une rivière non navigable, traversant des terrains qui seraient marécageux à cause de l'élévation artificielle des berges mais qui se trouvent desséchés par l'établissement de conduits dérivateurs pour l'écoulement des eaux pluviales.

A représente le barrage d'une usine en amont retenant le plan d'eau à une hauteur de 30 mètres au dessus du niveau de la mer. Après ce barrage, le plan d'eau de la rivière est de 29^m. Les terrains environnants dont la superficie est aussi de 29^m sont protégés par l'élévation des berges à 30 mètres.

B représente le barrage d'une usine en aval de la 1ère retenant le plan d'eau à 28 mètres, hauteur des terrains environnants qui sont protégés par l'élévation des berges à 29^m

C D est un conduit dérivateur sur la rive gauche, dont le plan d'eau, à son origine est à 28 mètres et peut par conséquent recevoir les eaux de pluie tombant sur les terrains voisins dont la superficie est à 29 mètres ; il rejoint la

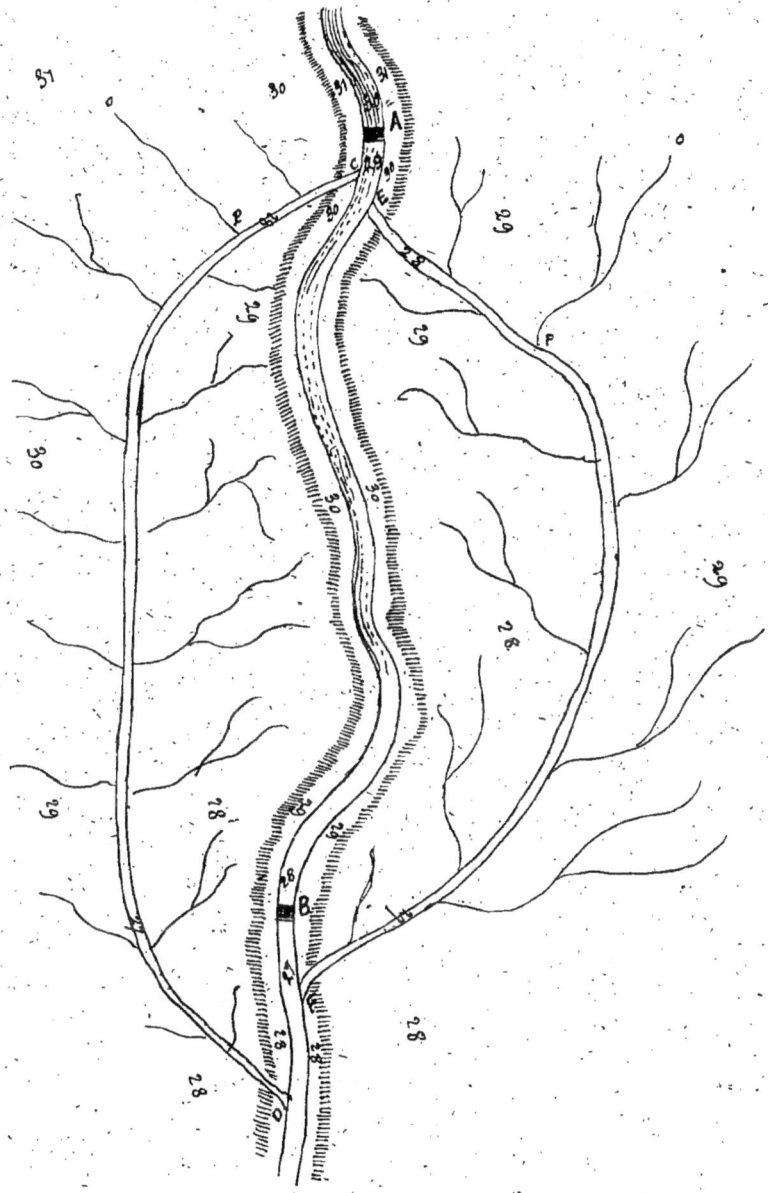

107

rivière après le barrage B, à l'endroit où le plan d'eau est à 27 mètres. Ce conduit a donc constamment un plan d'eau inférieur d'un mètre à celui de la rivière.

EF est un autre conduit dérivateur creusé sur la rive droite & réunissant les mêmes conditions que le conduit CD.

OP, OP, sont des rigoles aboutissant aux fossés dérivateurs et dans lesquelles viennent s'écouler les eaux tombant sur la superficie des terrains moins élevés ou aussi élevés que le plan d'eau de la rivière.

Des déversoirs élevés à la hauteur adoptée pour le plan d'eau normal de la rivière, sont établis à la tête de ces conduits dérivateurs, aux points C et E.

Lorsque les eaux de la rivière sont abondantes & qu'elles s'élèvent au-dessus du niveau normal, elles tombent dans les conduits dérivateurs par dessus les déversoirs, & elles forment une chasse qui conduit plus vite dans le bief d'aval, les eaux de pluie amenées par les rigoles ou les drains.

Enfin parmi plusieurs autres avantages que procureraient l'établissement des conduits dérivateurs latéraux aux rivières canalisées et aux rivières non canalisées, il faut encore compter celui de la préservation contre les inondations des terrains bas latéraux à ces rivières.

En effet, il est facile de comprendre que ces conduits formant une nouvelle capacité pour l'écoulement des eaux à l'instant des fortes crues, les empêcheront de se répandre sur les terrains environnants.

Remarques sur la 2ᵉ disposition d'écluse.

La canalisation des rivières navigables avec conduits dérivateurs latéraux, nous paraît préférable pour plusieurs motifs, à l'établissement de canaux de navigation latéraux à ces rivières & alimentés par elles.

1° Par la facilité d'établir des conduits dérivateurs, soit sur les deux rives, soit sur une seule, selon que la situation topographique des terrains offrirait le moins de dépense; tandis que dans ces circonstances un canal serait obligé de couper la rivière pour la traverser à niveau, afin de choisir la rive la plus favorable au tracé du canal, ou bien d'entraîner à de grands frais de terrassemens.

2° Par l'emploi, comme force motrice, répétée à chaque écluse, de la presque totalité du débit de la rivière.

3° Enfin par les autres avantages énoncés plus haut & qu'un canal latéral ne pourrait offrir.

Néanmoins, si par les sinuosités que décrit une rivière en quelques endroits, un canal latéral pouvait en abréger notablemens le parcours, & si la configuration du terrain en permettait l'établissemens à des conditions favorables, rien ne s'opposerait à ce qu'on abandonnât momentané-mens le lit de la rivière: Ou bien si quelque localité importante se trouvait sur cette sinuosité, le lit de la rivière pourrait continuer à être canalisé, & un canal latéral être également établi.

Description de la 3ème disposition d'Ecluse.

La 3ème disposition d'écluse a pour but de recueillir une certaine partie du volume d'une éclusée.

Cette réserve est destinée à diminuer d'une quantité égale le volume que devrait fournir le bief d'amont lors d'une éclusée ultérieure. Elle se fait dans un ou plusieurs réservoirs latéraux à l'écluse.

Ces réservoirs doivent avoir chacun une superficie égale à celle du sas entre les deux portes de l'écluse.

Les plafonds de ces réservoirs sont à des hauteurs inégales graduées entre le plan d'eau du bief d'amont & celui du bief d'aval.

L'importance de la quantité d'eau composant une éclusée que ces réservoirs peuvent retenir à une hauteur au plan d'eau du bief d'aval, & qui peut servir utilement pour une autre éclusée, est en proportion de la quantité de réservoirs établis.

Cette quantité utile est exactement représentée par une fraction qui a pour numérateur le nombre de réservoirs établis, & pour dénominateur, le chiffre du numérateur augmenté de deux unités.

Ainsi la quantité utile réservée, sera avec :

un réservoir de $\frac{1}{1+2}$ c'est à dire ⅓ ou 0.333 d'éclusée

deux réservoirs de $\frac{2}{2+2}$ ⅳ 2/4 ou 0.500 d'éclusée

trois réservoirs de $\frac{3}{3+2}$ ⅳ 3/5 ou 0.600 d'éclusée.

quatre réservoirs de $\frac{4}{4+2}$ ⅳ 4/6 ou 0.666 d'éclusée

cinq réservoirs de $\frac{5}{5+2}$ ⅳ 5/7 ou 0,714 d'éclusée

six réservoirs de $\frac{6}{6+2}$ ⅳ 6/8 ou 0.750 d'éclusée.

& ainsi de suite en obtenant une réserve utile de plus en plus faible par chaque réservoir établi en plus, que la différence, comparée avec l'unité, entre le dénominateur et le numérateur de la fraction indiquant la quantité utile réservée, devient moindre.

Écluses avec Réservoirs latéraux et démonstration de la quantité utile d'une Éclusée que ces réservoirs peuvent retenir.

Un réservoir A (fig. 38, 39 et 40) d'une superficie égale à celle du sas de l'écluse, est établi latéralement à cette dernière.

Les six lames A, B, C, D, E, F, (figure 39) représentent le plan d'eau du sas élevé à la hauteur de celui du bief d'amont. De ces six lames, les trois inférieures D, E, F, représentent la hauteur du plan d'eau du bief d'aval, et les trois lames supérieures A, B, C, représentent le volume fourni par le bief d'amont pour élever le plan d'eau du sas au niveau de celui d'amont, c'est-à-dire, une éclusée. Chacune des trois lames A, B, C, contient donc un tiers d'éclusée.

Le fond du réservoir A, comme l'indique la coupe verticale de la figure 39, et la vue perspective de la figure 40, est sur le côté opposé au bajoyer, à une profondeur de deux mètres, & sur le côté joignant le bajoyer, à une profondeur de trois mètres; de sorte que le plafond du réservoir forme un plan incliné vers le côté du sas.

Des ouvertures p q, indiquées sur le plan horizontal de la figure 38, et sur le plan perspectif de la figure 40, mettent le sas en communication avec le bief d'amont.

Écluse avec un seul réservoir retenant entièrement 1/3 d'éclusée, ou 0,333.

Coupe horizontale figure 38.

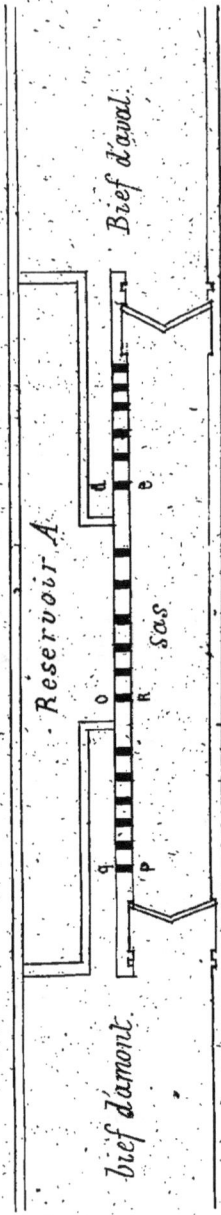

Bief d'amont.

Réservoir A.

Bief d'aval.

Fig. 39. Coupe H. verticale.

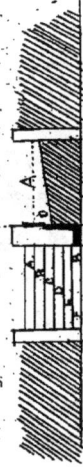

Vue perspective horizontale, figure 40.

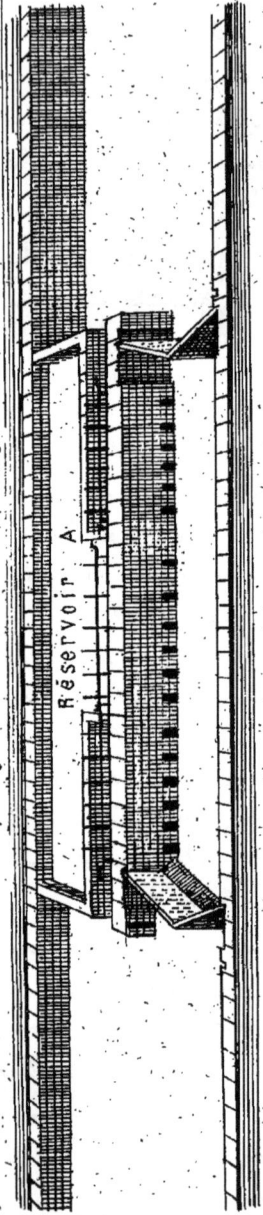

Réservoir A

Des ouvertures D E mettent également le sas en communication avec le bief d'aval.

Enfin les ouvertures R O font communiquer le sas avec le réservoir A.

Des vannes placées le long du bajoyer, sur la face donnant sur le réservoir, interceptent à volonté et séparément chacune de ces trois communications.

Supposons maintenant un réservoir ainsi disposé, établi latéralement à une écluse d'un canal ayant 4 mètres de profondeur, une chute de 3 mètres & rempli de 3 mètres d'eau, comme le représente la fig: 40.

Les 4 mètres de hauteur du bief d'amont sont indiqués par 4 lignes horizontales indiquant chacune un mètre de hauteur, 3 sont occupés par la hauteur de l'eau, le 4ème mètre forme la distance du plan d'eau à la hauteur du dessus de la berge.

La profondeur du sas et celle du bief d'aval sont indiquées aussi par 7 lignes horizontales distantes chacune d'un mètre.

Supposons le canal dans son état normal, c'est-à-dire le bief d'amont, le sas & le bief d'aval remplis chacun de 3 mètres d'eau.

Enfermons dans le sas un navire. Il faudra pour élever ce navire à la hauteur du bief d'amont que nous élevions le plan d'eau du sas d'une hauteur de 3 mètres, représentée figure 39, par les 3 lames A, B, C, C'est ce que nous ferons en levant les vannes des orifices P, Q, fig: 38, qui font communiquer le sas avec le bief d'amont.

Le sas étant au même niveau que le bief d'amont, le navire qui s'y trouve enfermé s'étant élevé en même temps, pourra après l'ouverture de la porte du bief d'amont

(15)

effectuer son entrée dans ce dernier bief. Après avoir profité de ce que le sas est au même niveau que le bief d'amont pour y faire entrer un navire avalant, nous arrivons à l'instant où il faudra remettre le sas au niveau du bief d'aval, pour que le navire avalant puisse y entrer.

Au lieu de lever les vannes des orifices D E qui établissent la communication du sas avec le bief d'aval, si nous levons celles des orifices R O qui font communiquer le sas avec le réservoir A, la pression atmosphérique exerçant son action sur le plan d'eau du sas, enverra dans le réservoir A une quantité d'eau suffisante pour que le sas et le réservoir, qui par leur jonction ne font plus qu'une seule capacité, aient acquis le même niveau; c'est ce qui arrivera lorsque la lame A sera passée toute entière dans le réservoir.

En abaissant alors les vannes de communication du sas & du réservoir, ces deux capacités seront isolées; le sas n'aura plus en sus du niveau du bief d'aval que les lames B et C, fig. 39; la lame A sera retenue dans le réservoir.

Si nous levons maintenant les vannes de communication D E (indiquées sur les fig. 38 et 40) du sas et du bief d'aval, les deux lames B et C, restant de l'éclusée se rendront dans ce dernier bief.

Nous aurons d'un côté le sas abaissé à son état normal, c'est-à-dire, ne contenant plus que 3 mètres de hauteur d'eau, & d'autre côté le réservoir A rempli par la lame A, représentans le 1/3 de l'éclusée précédente, retenue à une hauteur de deux mètres au dessus du niveau actuel; du sas.

Lorsqu'il faudra fournir une nouvelle éclusée, on

levera les vannes de communication du sas avec le réservoir,
alors cette lame A retenue dans le réservoir descendra toute
entière dans le sas qu'elle élevera d'un mètre, ou du tiers
d'une éclusée; de manière que le bief d'amont n'aura plus
à fournir que les deux autres tiers.

Nota: Les conduits de communication du sas avec le bief
d'amont, le réservoir & le bief d'aval, ont la même forme
que ceux des conduits de rachat (fig: 30 et 30 bis), dont
ils partagent les fonctions, puisqu'ils sont destinés également tantôt à abaisser le plan d'eau du sas, et tantôt
à l'élever.

Écluse avec deux Réservoirs latéraux
retenant une demi-éclusée

Avec deux réservoirs latéraux, représentés par
une coupe horizontale fig: 41 et par une vue perspective
fig: 42, ayant chacun une superficie égale à celle du sas
de l'écluse, les 3 mètres représentant la hauteur de l'éclusée,
étant partagés en quatre lames égales de chacune 0m.75.
de hauteur, le premier réservoir retiendra une de ces lames,
le 2.e réservoir en retiendra une autre, & le sas n'en conser-
vera plus que deux ou 1m.50. qu'on enverra dans le bief
d'aval, en levant les vannes de la dernière partie du
bajoyer.

Lorsqu'il faudra fournir une nouvelle éclusée, on
commencera par lever les vannes du réservoir B, puis celle du
réservoir A. Le réservoir B dont le plan d'eau est 1m.50.
plus élevé que celui du sas, qui alors ne contient qu'une
hauteur d'eau de 3 mètres, y verse ses 0m.75. et l'élève à

116.

Plan horizontal d'une écluse avec 2 réservoirs (fig. 41).

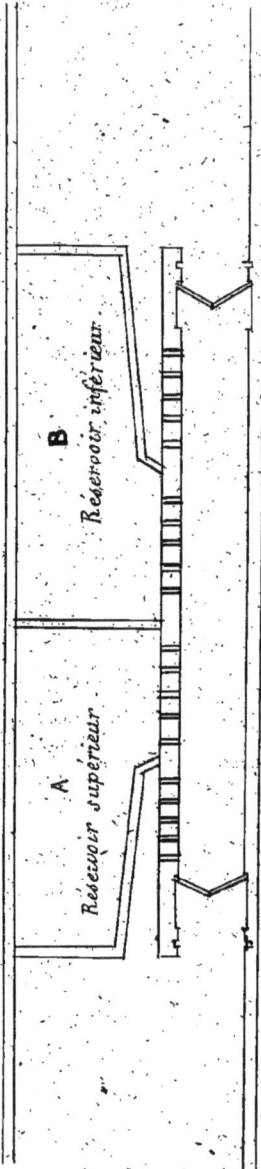

A   B

Réservoir supérieur   Réservoir inférieur

Vue horizontale perspective d'une écluse avec 2 réservoirs (fig. 42).

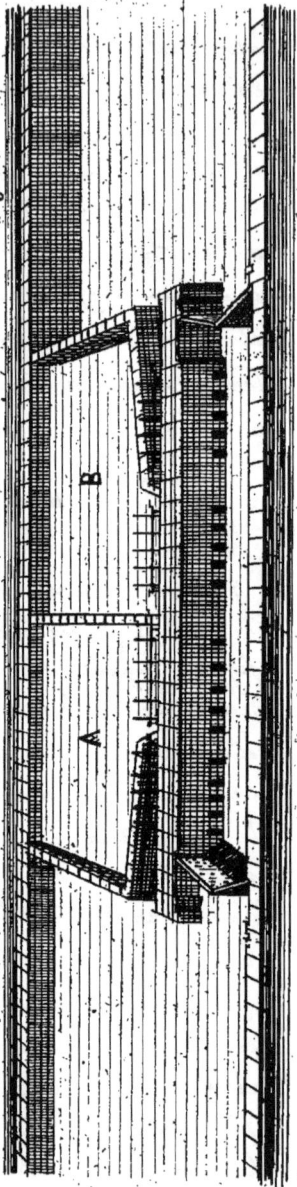

A   B

3.^m 75.^c Le réservoir A. vient à son tour y ajouter ses 0.^m 75.^c et le porte à 4.^m 50.^c

Le bief d'amont n'a donc plus à fournir qu'une hauteur de 1.^m 50.^c pour compléter l'éclusée.

Écluse avec trois Réservoirs latéraux
retenant utilement 3/5 d'éclusée

Chacun des trois réservoirs A, B, C, figures 43 et 44, ont chacun une superficie égale à celle du sas de l'écluse.

L'éclusée étant partagée en 5 lames égales de chacune 0.^m 60.^c, trois de ces lames seront retenues par les réservoirs.

En effet, le plafond du réservoir C, étant 0.^m 60.^c plus élevé que le niveau normal du sas; celui du réservoir B, étant 0.^m 60.^c plus élevé que le précédent, & celui du réservoir A étant encore 0.^m 60.^c plus élevé que ce dernier, il est évident qu'en levant les vannes du réservoir A qui a son plafond à 1.^m 20.^c au-dessous du plan d'eau d'une éclusée, ces 1.^m 20.^c se partageront en 2 parties égales de chacune 0.^m 60.^c; l'une se rendra dans le réservoir A, et l'autre restera dans le sas qui sera alors abaissé de 0.^m 60.^c et n'aura plus que 2.^m 40.^c au dessus de sa hauteur normale.

En levant ensuite les vannes du réservoir B, dont le plafond est à 1.^m 20.^c au dessous des 2.^m 40.^c restant de l'éclusée, 0.^m 60.^c se rendront également dans le réservoir B, et l'éclusée ne se composera plus que de 1.^m 80.^c

Enfin en levant les vannes du réservoir C, dont le plafond est aussi 1.^m 20.^c plus bas que les 1.^m 80.^c restant de l'éclusée, 0.^m 60.^c se rendront encore dans ce réservoir, &

il ne restera plus que 1^m 20^c de l'éclusée qu'on enverra dans le bief d'aval, en levant les vannes qui font communiquer le sas avec ce bief.

Le remplissage d'une nouvelle éclusée se fera en envoyant successivement dans le sas, chacune des trois lames de 0^m 60^c retenues dans les réservoirs, en ayant soin de commencer par le réservoir inférieur, & l'on complètera le surplus par 1^m 20^c demandés au bief d'amont.

Cette démonstration qu'il serait superflu de multiplier suffit pour indiquer que la quantité d'une éclusée qu'on peut réserver, est, comme il a été dit précédemment, représentée par une fraction qui a pour numérateur le nombre de réservoirs établis, et pour dénominateur, ce même nombre augmenté de deux unités.

Le volume contenu dans chaque réservoir se connais en divisant l'éclusée par le nombre de réservoirs augmenté de 2. Opération représentée par la formule $x = \frac{P}{T+2}$.

P étant le volume d'une éclusée, T le nombre de réservoirs, et x le volume contenu dans chaque réservoir.

Si l'éclusée contient 3200 mètres & qu'on ait établi 6 réservoirs, chacun d'eux contiendra $\frac{3200}{6+2}$ ou $\frac{3200}{8}$ ou 400 mètres. les 6 réservoirs économisant 6 fois 400 mètres, ou 2400^m, le bief d'amont n'aurait à fournir à chaque éclusée que la différence existante entre 3200 mètres et 2400^m c'est-à-dire, 800 mètres ou le quart d'une éclusée.

Dans les écluses qui ont plus de trois réservoirs, la quantité que doit fournir le bief d'amont pour le complément de l'éclusée étant peu considérable, il est préférable afin d'avoir

Plan horizontal d'une Écluse avec 3 réservoirs, fig. 43.

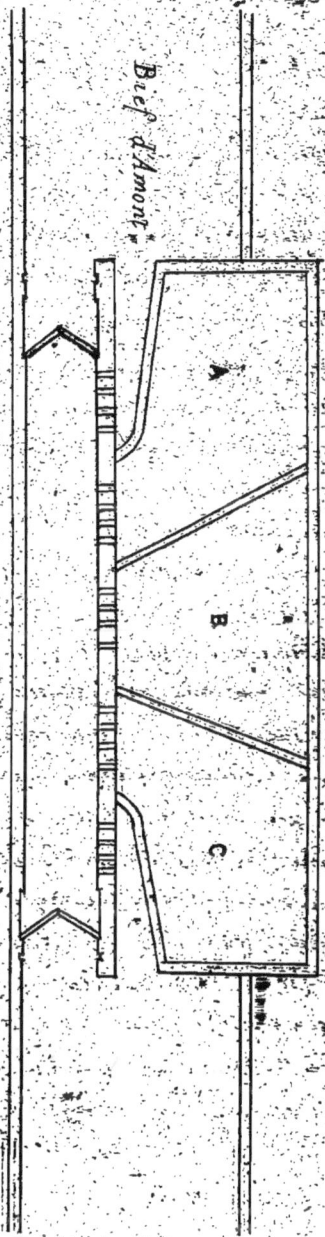

Bief d'Amont.

A

B

C

Vue perspective horizontale d'une Écluse avec 3 réservoirs, fig. 44.

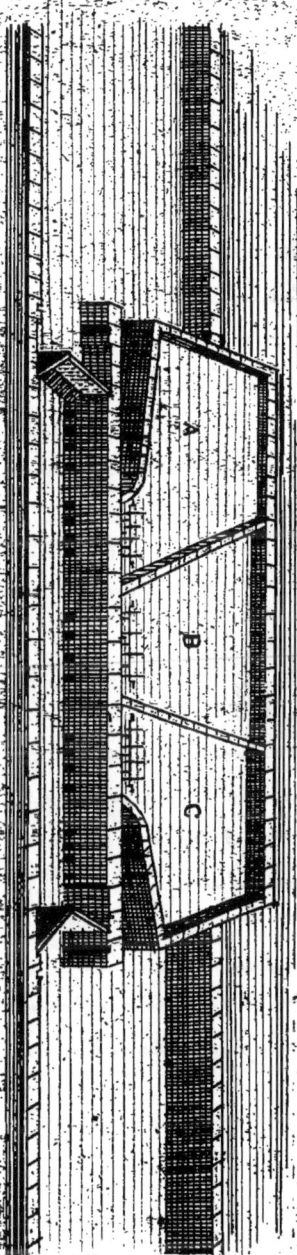

A

B

C

plus d'espace pour les réservoirs, de terminer le rachat de la chute par des ventelles pratiquées dans les portes des écluses qui seraient disposées comme le représentent le plan horizontal, fig: 45 et le plan perspectif, fig: 46. ci-contre.

Mais lorsqu'il n'y a qu'un, deux ou trois réservoirs, & que le complément de l'éclusée se trouve encore des deux tiers, de la moitié, ou des deux cinquièmes d'une éclusée, il est préférable pour la célérité de l'opération du sassement, de terminer le rachat par des orifices latéraux ménagés sur le bief d'amont & sur le bief d'aval, comme le représentent les figures 38. 40, 41, 42, 43 et 44.

Le sas de l'écluse fig: 45 et 46. a 85 mètres entre les deux portes, & 10 mètres de largeur; sa superficie est donc de 850 mètres carrés.

Chaque réservoir a 45 mètres de long sur 19 mètres de large & présente une superficie de 855 mètres; la superficie de chaque réservoir est donc égale à celle du sas.

La hauteur d'une éclusée étant de 3 mètres, le volume d'eau qui la composera sera de 850×3 ou 2550 mètres.

Chacun des cinq réservoirs contiendra $\dfrac{2550}{5+2}$ ou $\dfrac{2550}{7}$ c'est-à-dire 364 mètres.

Les 5 réservoirs employés d'abord à former une éclusée, formeront 364×5 ou 1820 mètres; le bief d'amont n'aura plus à fournir pour compléter l'éclusée que $2550 - 1820 = 730$ mètres ou les $2/7$ de 2550 mètres.

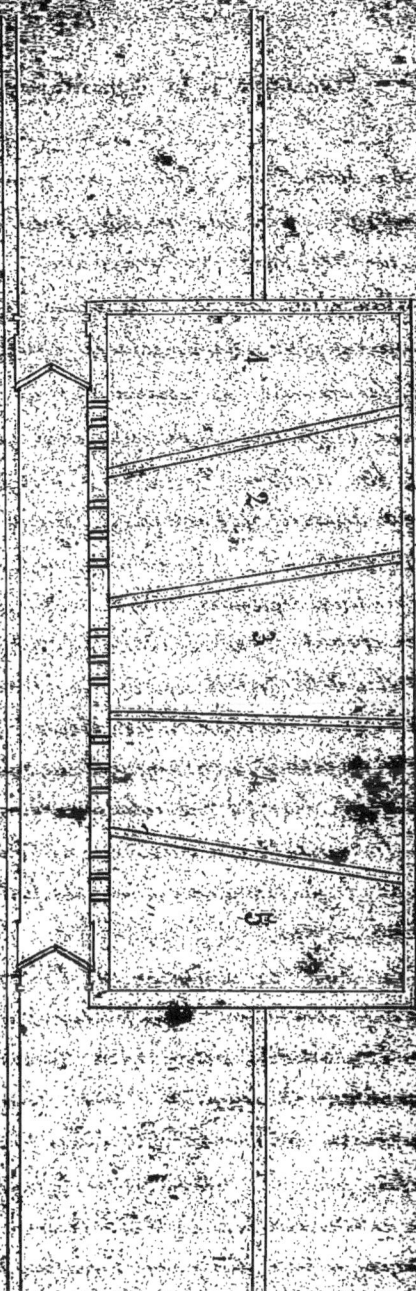

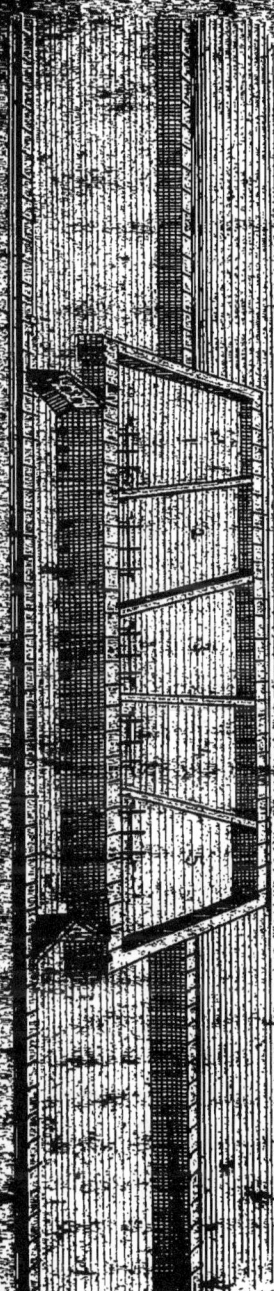

Plan horizontal d'une écluse avec perspective

Vue perspective horizontale d'une écluse avec 5 réservoirs, fig. 16

Avantages de la disposition d'Écluse avec Réservoirs.

La disposition d'Écluse avec réservoirs offre de grands avantages en ce sens, qu'elle permet d'alimenter les canaux avec un très-faible volume d'eau.

En effet, comme nous venons de le voir, la quantité d'eau nécessaire pour chaque éclusée, comparée avec celle qu'il faudrait sans le concours des réservoirs, peut être réduite ainsi:

aux deux tiers d'une éclusée ou 0,666 par l'emploi d'un réservoir;
a la moitié . . . . id . . . . ou 0,500 . id . de 2 réservoirs;
aux deux cinquièmes. id . . . . ou 0,400 id . de 3 réservoirs;
au tiers . . . . id . . . . ou 0,333 id . de 4 réservoirs;
aux deux septièmes . . . id . . . . ou 0,285 id . de 5 réservoirs
au quart . . . . id . . . . ou 0,250 id . de 6 réservoirs.

Au delà de 6 réservoirs la quantité qui serait retenue étant de peu d'importance, il est convenable de s'arrêter à ce nombre.

L'opération du sassement d'une écluse, même avec 6 réservoirs fournissant les 3/4 d'une éclusée et dont le dernier quart se ferait par les ventelles, aurait encore lieu avec autant de rapidité que si le sassemens avait été fait en entier par les ventelles des portes.

En effet la dimension de l'écluse fig: 45 et 46, est de 85 mètres entre les deux portes, sur 10 mètres de largeur, or, si l'on établit 6 réservoirs, la largeur que chaque réservoir occupera sur la longueur du sas sera de 14 mètres, il est évident qu'on pourra établir sur les 14 mètres de côté de chaque réservoir plus de superficie pour les orifices destinés à remplir et vider les réservoirs qu'on ne pourrait le faire dans la largeur de 10 mètres qu'offrent les portes, et que cette plus grande superficie des orifices compenserait la pression d'une colonne d'eau plus élevée au commencement du sassement.

Application des trois dispositions d'écluses.

———

Par l'application successive des trois dispositions d'écluses précédemment décrites, il devient facile d'établir entre toutes les parties de la France, des voies navigables offrant de plus vastes dimensions en largeur & en profondeur que celles qui existent actuellement, &, par conséquent, susceptibles de rendre plus de services par la célérité de la navigation & la diminution des frais de transport.

En effet, en employant l'écluse de la 3ᵉ disposition avec 6 réservoirs, ne demandant que le 1/4 de l'eau actuellement employée, on pourrait :

— avec la quantité d'eau qui alimente les petits canaux à point de partage qui font communiquer le Nord avec le midi de la France, & le centre de la France avec l'Est et l'Ouest par :

le Rhône, la Saône, l'Yonne, la Seine, l'Oise, la Somme et les canaux du Nord ;

le Rhône, la Saône, l'Yonne, & la Seine ;

le Rhône, la Saône & la Loire ;

— Établir des canaux à point de partage quatre fois plus grands qui seraient alors praticables pour les forts navires du commerce.

Le nombre de 6 réservoirs serait successivement diminué à mesure que les canaux recevraient de nouveaux cours d'eau, jusqu'à l'instant où le volume d'alimentation étant suffisant pour fournir les éclusées entières, l'emploi des réservoirs deviendrait inutile.

On se servirait alors de la première disposition

d'écluse jusqu'à ce que le volume d'eau étant devenu plus considérable que ne le réclament les besoins de la navigation, le surplus du débit serait utilisé comme moteur hydraulique, au moyen des conduits dérivateurs décrits dans la deuxième disposition d'écluse.

Chapitre 4ème.

Communication de la Navigation intérieure avec la Navigation extérieure.

Quant aux grandes voies de communication susceptibles d'être établies pour la navigation intérieure, entre toutes les parties de la France, les Chapitres 2 et 3 en ont montré la possibilité.

Ce qui offre le plus de difficulté, c'est d'établir entre la navigation intérieure et la navigation extérieure, des communications qui permettent aux navires de commerce d'un assez fort tonnage, d'entrer de la mer dans les fleuves, & des fleuves dans la mer, sans être obligés de rompre charge, c'est-à-dire, sans transborder les marchandises qui constituent leur chargement.

Parmi les fleuves qui font communiquer l'intérieur de la France avec les mers qui l'environnent:

— L'un d'eux, le Rhône, débouche dans la Méditerranée qui n'est pas soumise à l'alternative des marées; il forme à l'endroit de sa jonction avec la mer, par le dépôt des matières terrestres qu'il charrie, des atterrissements qui empêchent l'entrée et la sortie des navires d'un fort tonnage.

— D'autres, tels que la Somme, la Seine, la Loire et la Gironde, débouchent dans la Manche ou dans l'Océan atlantique soumis à l'action des marées qui font varier le niveau de ces mers de plusieurs mètres par jour.

Les lits de ces fleuves, à partir d'un certain nombre

de kilomètres avant leur jonction avec la mer, vont en s'élargissant & n'offrent plus à l'instant de la basse mer assez de profondeur pour la navigation; parce que les eaux qu'ils débitent ayant à s'étendre sur une plus large surface, diminuent nécessairement de profondeur. Elles ne vont rejoindre la mer que par plusieurs talwegs peu profonds, que conjointement avec les courants de marée, elles se sont formés dans les sables et entre les divers bancs de ces baies.

Pour remédier au peu de profondeur que présente le Rhône à son embouchure, on creuse en ce moment latéralement à ce fleuve, le canal de la Tour St. Louis qui aura environ 8 mètres de profondeur & permettra aux navires jaugeant moins de 8 mètres d'entrer dans le Rhône & d'en sortir.

Lorsque ce canal sera terminé, & au moyen des modifications indiquées dans les Chapitres 2 & 3, pour l'amélioration de la navigation intérieure, modifications qui peuvent être exécutées sur tous les cours d'eau naturels & artificiels qui ont des communications avec le Rhône, communications qui existent avec le Nord, l'Est et l'Ouest de la France, il s'en suivra que les navires venant de la Méditerranée pourront, sans rompre charge, se rendre vers un point quelconque de la France traversé par l'un de ces cours d'eau, et réciproquement de l'un de ces points se rendre dans la Méditerranée.

Chacune des localités traversées par ces cours d'eau deviendront donc autant de ports d'où l'on pourra expédier directement les productions particulières à ces localités, & recevoir de même les productions spéciales à d'autres localités, sans que les produits expédiés soient grevés des frais de transbordement, de magasinage, de commission aux agents réexpéditeurs &ᵃ &ᵃ

Cette réduction des frais entre le producteur et le consommateur ne pourra manquer d'avoir pour résultat de diminuer le prix du produit, & par là d'en augmenter la production & la consommation.

Si l'on parvenait également à améliorer les embouchures des fleuves qui se déversent dans la Manche et dans l'Océan atlantique, de manière à permettre aux navires tirant 6 à 7 mètres d'eau d'y entrer et d'en sortir avec facilité, on pourrait donc établir de grandes routes maritimes qui traverseraient la France en tous sens, & qui éviteraient à la navigation extérieure, le contour de la péninsule hispanique.

La différence de plusieurs mètres de hauteur qui existe entre le plan d'eau de la basse mer et celui de la haute mer, jointe à la largeur de l'embouchure des fleuves à l'endroit où ils se jettent dans les mers sujettes aux alternatives des marées, est la plus grande difficulté à vaincre pour établir, par les embouchures naturelles de ces fleuves, la jonction de la navigation intérieure avec la navigation extérieure, dans des conditions qui permettent l'entrée et la sortie des navires de fort tonnage.

En effet; dans la basse mer, ces fleuves ayant un niveau supérieur à celui de la mer, s'y écoulent sur toute la largeur de leur lit qui, à cet endroit est parfois 15 à 20 fois plus large qu'avant leur élargissement. La hauteur de l'eau de ces fleuves est donc 15 à 20 fois moindre à leur jonction avec la basse mer, qu'elle ne s'y trouve dans les fleuves

avant leur élargissement : elle n'offre plus alors assez de
profondeur pour la navigation.

Lorsque la mer remonte, la jonction des eaux débitées
par les fleuves avec celles de la mer, se fait à l'endroit
où les deux niveaux sont les mêmes, &, au fur et à mesure
que la mer s'élève, cette jonction se fait plus avant dans
le lit des fleuves dont elle arrête l'écoulement jusqu'à
l'instant où la mer étant arrivée à sa période d'accroissement,
abandonne peu à peu aux fleuves, le terrain qu'elle avait
usurpé sur eux.

Pendant cette lutte quotidienne & incessante entre les
eaux de la mer & celle des fleuves qui s'y rendent, lutte
dans laquelle la mer & les fleuves sont alternativement vain-
queurs et vaincus, une grande quantité de sables et de galets
que la mer a détachés des rivages qu'elle frappe de ses
flots, sont portés, tantôt par la mer dans les parties des
fleuves qu'elle recouvre pendant sa victoire, & tantôt renvoyés
vers la mer par les fleuves lorsqu'ils reprennent le dessus.

Ces amas de sables & de galets s'étendent dans toute
la partie des fleuves sur laquelle la lutte s'exerce, en en
bouleversent continuellement le lit.

Il est à craindre que tous les travaux que l'on pourrait
exécuter pour améliorer la jonction de ces fleuves avec la mer,
n'arrivent pas au but que l'on veut atteindre, tant qu'ils
n'auront pas pour résultat :

1°. soit de rétrécir l'embouchure des fleuves à leur
point de jonction avec la basse mer, en leur donnant
une dimension inférieure à celle qu'ils ont avant leur
élargissement ;

2.° Soit d'établir latéralement à ces fleuves, comme nous avons dit plus haut qu'on le fait pour le Rhône, des canaux qui aboutissent à un port d'un accès facile.

Nous pensons que le rétrécissement de l'embouchure des fleuves, quoique nécessitant de grands frais, offrirait plus d'avantages que l'établissement de canaux aboutissant à la mer.

Ce rétrécissement pourrait avoir lieu en construisant au milieu du lit de ces fleuves, un massif, partie en pierres ou béton & partie en terre, élevé d'environ un mètre au dessus de la hauteur qu'atteignent les plus hautes marées.

Au milieu de ce massif serait réservé pour la navigation un chenal d'environ 1000 mètres de longueur, divisé en trois bassins de chacun 300 mètres de longueur sur 200 mètres de largeur, séparés les uns des autres par des portes d'écluses.

De chaque côté de ce chenal, & à son extrémité vers la mer, seraient construits deux déversoirs élevés, du côté de la baie, à la hauteur des plus hautes marées, & par conséquent ayant un mètre de moins que la hauteur du massif. Ces déversoirs auraient 100 mètres de largeur et leur pente irait en diminuant jusqu'à la basse mer. De cette manière si le déversoir du côté de la baie était élevé de 7 mètres au dessus de la basse mer, il irait se terminer à zéro, du côté de la mer, par une pente de $0^m 07^c$ par mètre.

Le plan d'eau des fleuves, pendant la basse mer, serait toujours tenu, au moyen de ce massif barrage et des deux déversoirs rejoignant les rives, à un niveau à peu près égal à celui de la haute mer. La lutte entre la mer et les fleuves s'exercerait seulement dans la longueur du chenal de

navigation écluse, en sur la largeur indiquée des déversoirs
latéraux.

Les portes établies entre les bassins du chenal per-
mettraient, à l'instant où il y aurait une différence de
niveau entre le plan d'eau de la mer et celui des fleuves,
de faire monter dans ces derniers les navires venant de
la mer, & descendre dans la mer les navires venant des
fleuves.

Lorsque les deux plans d'eau seraient à la même hauteur
les portes seraient tenues ouvertes, & les navires communique-
raient librement entre la mer et les fleuves.

La figure 48 ci-après, construite à l'échelle de
$0^m.001^{mm}$ pour 10 mètres représente la coupe horizontale
d'un massif barrage et des deux réservoirs latéraux tels
que nous les entendons.

La longueur du chenal est de 1000 mètres,

Sa largeur y compris les bassins est de 300 mètres;

Les bassins ont 200 mètres de largeur et 300 mètres
de longueur;

Un massif de 50 mètres sépare de chaque côté les
bassins de la base du fleuve;

Deux déversoirs de chacun 700 mètres de longueur sont
établis de chaque côté du chenal et vont rejoindre
les rives du fleuve;

Du côté de la baie ils sont élevés au dessus du niveau
de la basse mer de 7 mètres, hauteur supposée des
plus hautes marées;

De ce côté ils sont construits en pierre ou en béton
sur une largeur de plusieurs mètres toute

du déversoir est en sable ou en pierre, et va en s'inclinant
de 0,0...m par mètre régulière en pente douce le lit d'écoulement mer.

Les déversoirs ont donc la forme suivante
Coupe verticale d'un déversoir fig. 47

Échelle d'un millimètre par mètre.

Supposons le barrage fig. 48. établi à l'embouchure d'un
fleuve, & un ou plusieurs navires tirant peu d'eau & pouvant
arriver, même en basse mer, jusqu'à l'entrée du chenal.

Les navires entrés dans le 3e bassin abaissé préalable-
ment au niveau de la basse mer, on ferme la porte d'amont
sur la mer, puis on élève ce 3e bassin au niveau du plan
d'eau du 2e pour que ces navires puissent y entrer, ensuite
ce 2e bassin est élevé au niveau du 1er, et enfin celui-ci au
niveau du plan d'eau de la baie dans laquelle les navires
peuvent alors entrer.

Il est facile de comprendre que si l'on avait voulu
faire descendre en mer, des navires se trouvant dans la baie,
on aurait pu profiter de l'abaissement successif du plan
d'eau des 3 bassins dont la superficie de 6000 mètres
permet d'y accumuler un certain nombre de navires, les
uns devant remonter dans la baie, & les autres effectuer
leur entrée en mer.

Si maintenant nous supposons à l'instant où la mer s'élève
au niveau du plan d'eau du 3ème bassin, les navires venant
de la mer pourront entrer dans ce 3e bassin, puis passer
dans le 2ème, ensuite dans le 1er & de là dans la baie.

Lorsque la mer est montée à la hauteur du 2ème bassin, les navires venans de la mer peuvent arriver dans ce bassin qu'on élève ensuite à la hauteur du 1er, puis ce dernier à la hauteur du plan d'eau de la baie.

Lorsque la mer est parvenue à la hauteur du 1er bassin, il n'y a plus que ce bassin à élever à la hauteur de la baie pour que les navires puissent y entrer.

Enfin lorsque le plan d'eau de la mer et de la baie sont à la même hauteur, ce qui dure pendant tout le temps de la pleine mer, les navires peuvent communiquer librement entre la mer & la baie.

De cette manière les navires de tout tonnage pourraient entrer dans la baie & en sortir. Les navires tirant peu d'eau, en tous temps, et ceux d'un fort tonnage, dans la haute mer.

Le barrage des fleuves versant leurs eaux dans les mers sujettes aux fluctuations de niveau est-il donc une entreprise impossible & sans précédent ? Ourait-on à re- douter que ces barrages empêchent l'écoulement suffisant des eaux des fleuves & provoquent des inondations dans les parties en amont des barrages ?

La somme à dépenser pour effectuer ces barrages serait- elle trop élevée en proportion des avantages qu'ils offriraient à la navigation ?

A la première question on peut répondre que dans un temps où la science des constructions était encore dans l'enfance, en la comparant à ce qu'elle est aujourd'hui, on a construit une digue qui a séparé de la mer le chenal au fond duquel La Rochelle est édifiée, & que dans notre siècle, pour fortifier & abriter le port de Cherbourg, on a construit en pleine

Embouchure de la Seine.

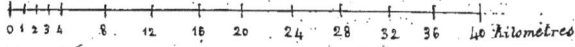

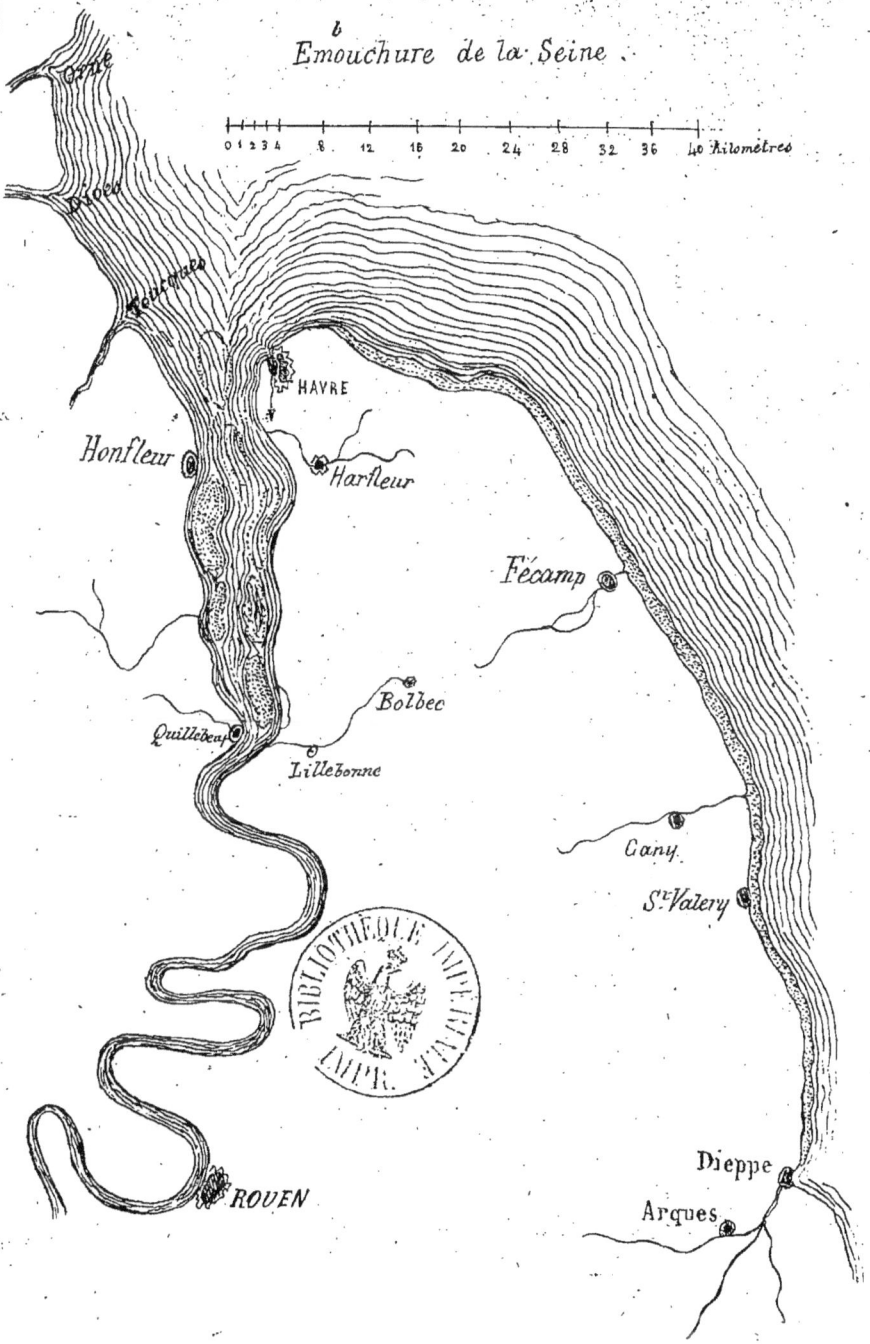

0 1 2 3 4   8   12   16   20   24   28   32   36   40 Kilomètres

Orne

Dives

Touques

HAVRE

Honfleur

Harfleur

Fécamp

Bolbec

Quillebœuf

Lillebonne

Cany

St Valery

BIBLIOTHÈQUE IMPÉRIALE IMPR.

Dieppe

Arques

ROUEN

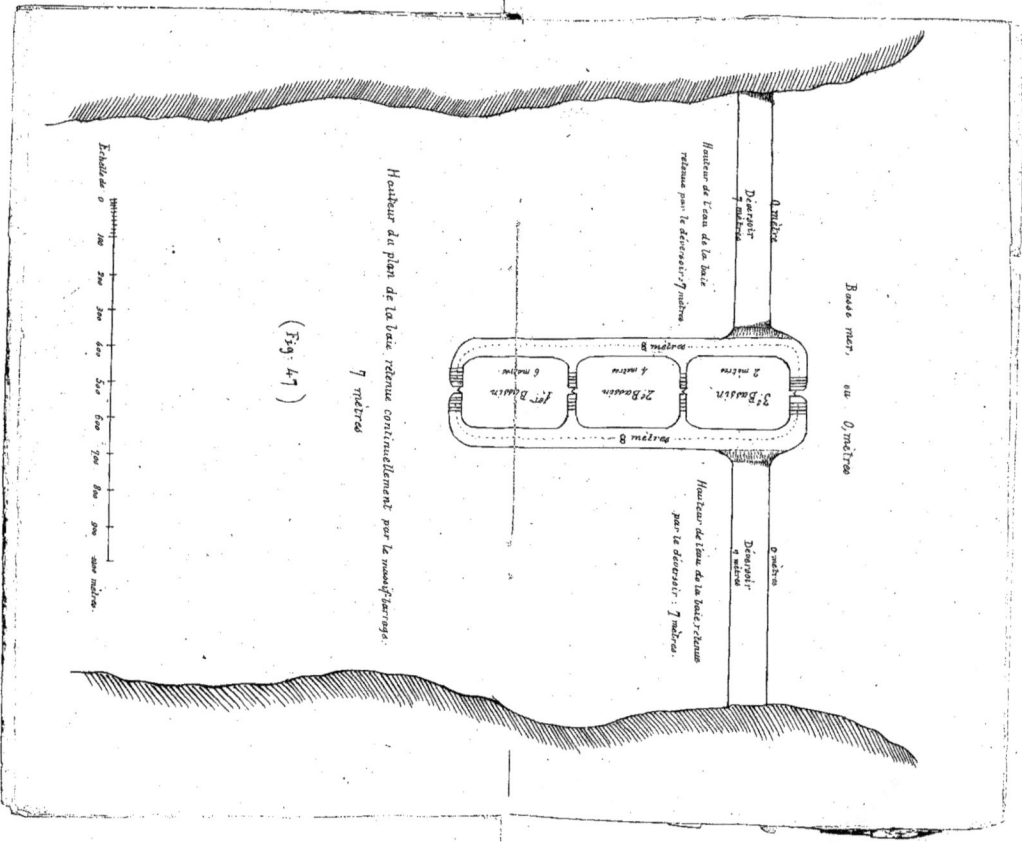

(Fig. 47)

Basse mer, ou 0 mètres

Hauteur de l'eau de la baie retenue par le déversoir: 7 mètres

Déversoir 7 mètres

0 mètre

Déversoir 8 mètres

Déversoir 8 mètres

1er Bassin 6 mètres

2e Bassin 4 mètres

3e Bassin 2 mètres

Déversoir 0 mètres

0 mètres

Hauteur de l'eau de la baie retenue par le déversoir: 7 mètres

Hauteur du plan de la baie retenue continuellement par le manufacturage: 7 mètres

Échelle de 0   100   200   300   400   500   600   700   800   900   1000 mètres

Embouchure
de la Gironde.

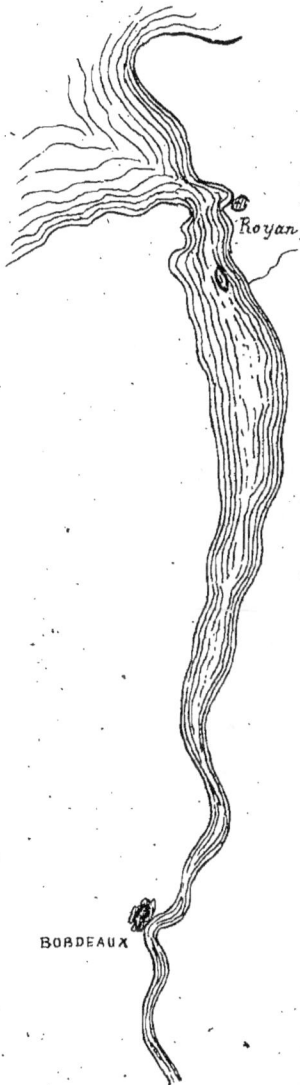

Embouchure
de la Loire.

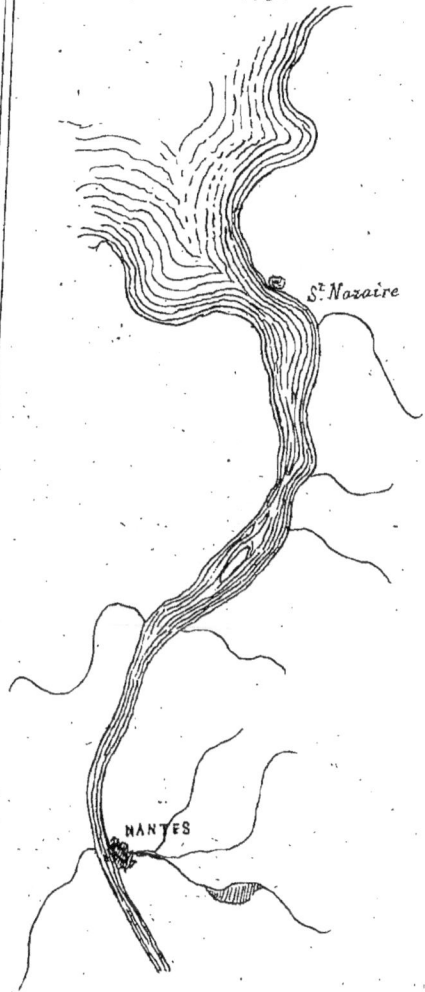

Royan

St Nazaire

NANTES

BORDEAUX

mer des îles artificielles ; ce qui offrait beaucoup plus de difficulté qu'il n'y en aurait à surmonter à l'embouchure des fleuves qui n'est recouverte pendant une partie du jour que par une faible lame d'eau

A la deuxième question on peut aussi répondre que l'élévation de la marée empêche également pendant une partie du jour, l'eau des fleuves d'avoir son écoulement dans la mer ; que cet écoulement n'a lieu qu'à l'instant où le niveau des eaux des fleuves est supérieur à celui de la mer ; qu'au moyen des déversoirs établis de chaque côté du chenal, cet écoulement aurait lieu continuellement ; puis qu'ils seraient élevés à la hauteur des plus fortes marées ; qu'il suffira que ces déversoirs aient un développement assez considérable pour que le débit des fleuves à l'instant de leurs plus fortes crues, puisse s'y déverser en ne formant une colonne d'eau non supérieure à un mètre, distance du déversoir au-dessus du massif barragé.

Supposons que la largeur du lit d'un de ces fleuves avant son élargissement soit de 250 mètres, & que la hauteur de la colonne d'eau qu'il débite à cet endroit à l'instant des plus fortes crues soit de 6 mètres, la longueur réunie des deux déversoirs devra être 6 fois plus considérable et avoir 1500 mètres.

Enfin pour la 3ème question, celle de savoir si la somme dépensée pour le barrage de ces fleuves serait trop élevée en raison des avantages offerts à la navigation, nous pouvons dès à présent évaluer approximativement quelle serait cette dépense

Soit le barrage représenté par la figure 48, construit à l'embouchure d'un fleuve dont l'écartement des rives est de 1,700m

Nous trouvons :

1° Pour le développemens en longueur du massif de 8 mètres de hauteur qui entoure les 3 bassins, 2600 mètres sur 50 mètres de largeur; ce qui forme un cubage de : . . . . . . $1,200,000.^m$

2°. Les deux déversoirs qui ont ensemble 1400.^{m} de longueur sur 100 mètres de largeur, 7 mètres de hauteur du côté de la baie et 0.^{m} du côté de la mer. . $490,000^m$

$$\text{Total} \ldots 1,690,000.^m$$

La largeur de la baie de la Seine à l'endroit où le barrage devrait être construit est d'environ 7 kilomètres.

Celle de la Loire à la hauteur de St. Nazaire est d'environ 4 kilomètres.

Celle de la Gironde, à la hauteur de Royan, est à peu près la même que celle de la Loire.

La longueur des deux déversoirs du barrage de la Seine aurait 6700 mètres, et celle des deux déversoirs de chacun des barrages de la Loire et de la Gironde 3700 mètres.

Le cubage des deux déversoirs du barrage de la Seine serait de $\dfrac{6700 \times 100 \times 7}{2}$ ou $2.395,000$ mètres.

Celui des déversoirs de la Loire et de la Gironde de : $\dfrac{3700 \times 100 \times 7}{2}$ ou $1.295,000$ mètres.

En joignant à chacun de ces deux volumes, celui du massif du chenal, nous aurons pour le volume total du barrage de la Seine : $1,200,000.^m$ pour le chenal;

$2.395,000.^m$ pour les déversoirs:

$$\text{Total} \ldots 3,595,000 \text{ mètres cubes.}$$

Et pour ceux de la Loire et de la Gironde : $1,200,000.^m$ p.^{r} le chenal

$1.295,000.^m$ p.^{r} les déversoirs

$$\text{Total} \ldots 2,495,000 \text{ mètres cubes.}$$

Si nous supposons que dans la construction de ces barrages la quinzième partie soit en maçonnerie ou en béton, dont nous évaluons le mètre cube à 50 francs, et que le reste soit composé avec les sables et les galets amoncelés dans les baies, qui se trouveraient par là approfondies, et dont le mètre cube déposé sur place reviendrait à 2 francs.

Nous aurons pour la construction du barrage de la Seine :

2 39,666 mètres à 50 francs . . . . . 11,983,300 fr

3,298,334 mètres à 2 francs . . . . . 6,596,668 fr

Total . . . . 18,579,968 fr

& pour celle de chaque barrage de la Loire et de la Gironde :

166,333 mètres à 50 francs . . . . . 8,316,650 fr

2,328,667 mètres à 2 francs . . . . . 4,657,334 fr

Total 12,973,984

Le barrage de la Seine pourrait donc d'après ces calculs approximatifs, être établi moyennant une somme inférieure à 2 millions, et ceux de la Loire & de la Gironde, moyennant 13 millions.

Ces dépenses sont effectivement élevées, mais il est hors de doute qu'elles seraient compensées & au de-là, par les avantages économiques & commerciaux qui seraient le résultat de l'établissement de ces barrages.

En effet, les baies formées par l'embouchure de ces fleuves seraient transformées en de vastes ports, non soumis aux influences des marées, ni aux tourmentes de la mer, dans lesquels des milliers de navires seraient en sûreté.

Les productions du Nord, du Midi, du Centre, de l'Est et de l'Ouest de la France, arriveraient dans chaque localité moins grevées de frais de transport, & par conséquent seraient demandées en bien plus grande quantité.

Cet accroissement de la demande imprimerait un essor plus considérable au commerce, à l'industrie & à l'agriculture.

Le percement de l'Isthme de Suez aura pour résultat infaillible, dans un avenir très-prochain, d'amener dans la Méditerranée, de tous les points du globe, une quantité immense de navires; les uns venant d'Orient & ayant pour destination le Nord de l'Europe; les autres venant des contrées septentrionales & se rendant dans les mers du Nord.

Or, comme la traversée de la France par des voies navigables praticables pour de forts vaisseaux, aboutissant au Nord & au Midi, offrirait un trajet plus court & une navigation exempte de dangers, il est hors de doute que cette voie serait préférée par les Navigateurs.

Il est difficile de prévoir à quel degré de prospérité atteindraient toutes les villes situées sur les rives de ces routes maritimes.

Total de la page.............

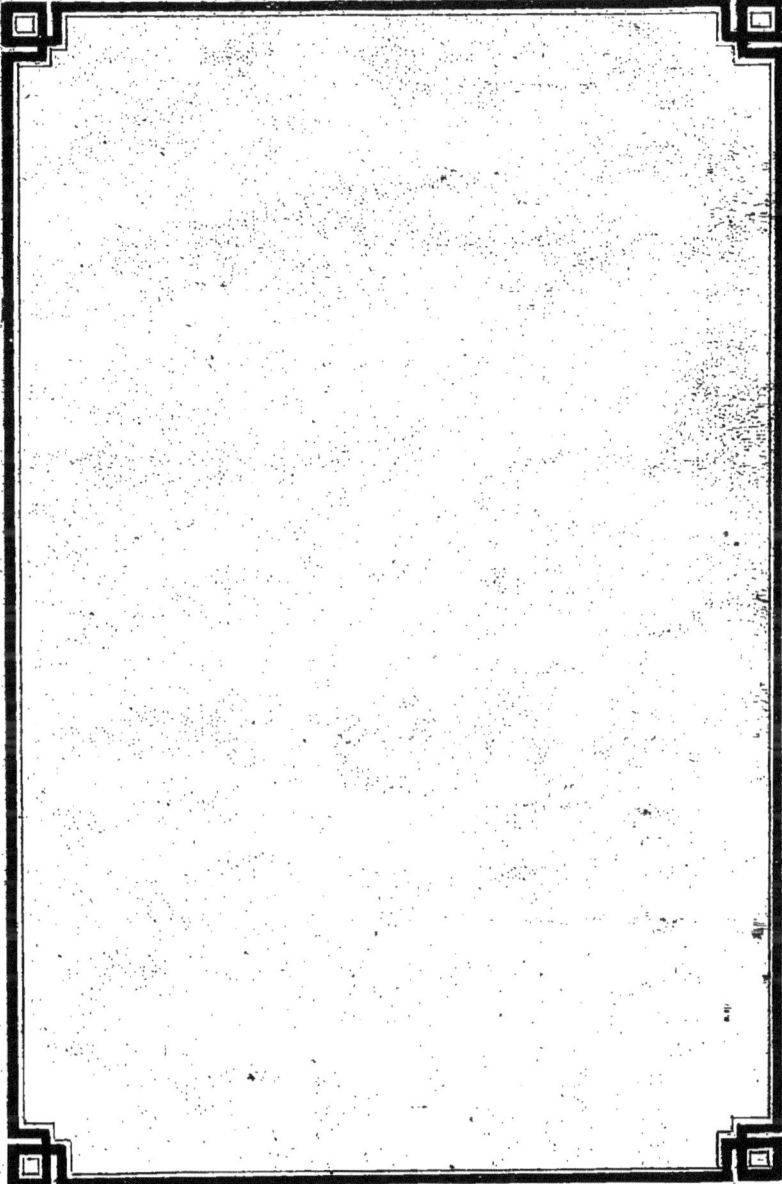

www.ingramcontent.com/pod-product-compliance
Lightning Source LLC
Chambersburg PA
CBHW062010200326
41519CB00017B/4751